Kauderwelsch
Band 63

Impressum

Maung Phone Myint
Burmesisch (Myanmar) — Wort für Wort
erschienen im
Reise Know-How Verlag Peter Rump GmbH
Osnabrücker Str. 79, D-33649 Bielefeld
info@reise-know-how.de

1. Auflage 2005

Bearbeitung Svenja Lutterbeck, Christine Schönfeld
Layout Christine Schönfeld
Layout-Konzept Günter Pawlak, FaktorZwo! Bielefeld
Umschlag Peter Rump
Kartographie Iain Macneish
Fotos Maung Phone Myint
Druck und Bindung Fuldaer Verlagsanstalt GmbH & Co. KG, Fulda

ISBN 3-89416-539-1
Printed in Germany

Dieses Buch ist erhältlich in jeder Buchhandlung der BRD, Österreichs, der Schweiz und der Benelux. Bitte informieren Sie Ihren Buchhändler über folgende Bezugsadressen:
BRD Prolit GmbH, Postfach 9, 35461 Fernwald (Annerod) sowie alle Barsortimente
Schweiz AVA-buch 2000, Postfach 27, CH-8910 Affoltern
Österreich Mohr Morawa Buchvertrieb GmbH, Sulzengasse 2, A-1230 Wien
Belgien & Niederlande Willems Adventure, Postbus 403, NL-3140 AK Maassluis
direkt Wer im Buchhandel kein Glück hat, bekommt unsere Bücher zuzüglich Porto- und Verpackungskosten auch direkt beim Verlag oder über unseren Internet-Shop:
http://www.reise-know-how.de
Zu diesem Buch ist ein **Tonträger** erhältlich, ebenfalls in jeder Buchhandlung der BRD, Österreichs, der Schweiz und der Beneluxländer.
Der Verlag möchte die **Reihe Kauderwelsch** weiter ausbauen und **sucht Autoren**!
Mehr Informationen finden Sie auf unserer Internetseite
www.reise-know-how.de/buecher/special/schreiblust-inhalt.html

Kauderwelsch

Maung Phone Myint

Burmesisch (Myanmar)

Wort für Wort

အနန္တော အနန္တ ငါးပါးကို ဤစာအုပ်ဖြင့် ကျွန်တော်ရှိခိုးပါ၏။

Dieses Buch ist
ənandò ənandá ngà bà
(den fünf grenzenlos Dankwürdigen)
gewidmet.

Reise Know-How
im Internet
www.reise-know-how.de
info@reise-know-how.de

Aktuelle Reisetipps und Neuigkeiten, Ergänzungen nach Redaktionsschluss, Büchershop und Sonderangebote rund ums Reisen

Kauderwelsch-Sprechführer sind anders!

Warum? Weil sie Sie in die Lage versetzen, wirklich zu sprechen und die Leute zu verstehen.

Wie wird das gemacht? Abgesehen von dem, was jedes Sprachbuch bietet, nämlich Vokabeln, Beispielsätze etc., zeichnen sich die Bände der Kauderwelsch-Reihe durch folgende Besonderheiten aus:

Die **Grammatik** wird in einfacher Sprache so weit erklärt, dass es möglich wird, ohne viel Paukerei mit dem Sprechen zu beginnen, wenn auch nicht gerade druckreif.

Alle Beispielsätze werden doppelt ins Deutsche übertragen: zum einen **Wort-für-Wort**, zum anderen in „ordentliches" Hochdeutsch. So wird das fremde Sprachsystem sehr gut durchschaubar. Denn in einer fremden Sprache unterscheiden sich z. B. Satzbau und Ausdrucksweise recht stark vom Deutschen. Ohne diese Übersetzungsart ist es so gut wie unmöglich, schnell einzelne Wörter in einem Satz auszutauschen.

Die **Autorinnen** und **Autoren** der Reihe sind Globetrotter, die die Sprache im Land selbst gelernt haben. Sie wissen daher genau, wie und was die Leute auf der Straße sprechen. Deren Ausdrucksweise ist nämlich häufig viel einfacher und direkter als z. B. die Sprache der Literatur oder des Fernsehens.

Besonders wichtig sind im Reiseland **Körpersprache, Gesten, Zeichen** und **Verhaltensregeln**, ohne die auch Sprachkundige kaum mit Menschen in guten Kontakt kommen. In allen Bänden der Kauderwelsch-Reihe wird darum besonders auf diese Art der nonverbalen Kommunikation eingegangen.

Kauderwelsch-Sprechführer sind keine Lehrbücher, aber viel mehr als Sprachführer! Wenn Sie ein wenig Zeit investieren und einige Vokabeln lernen, werden Sie mit ihrer Hilfe in kürzester Zeit schon Informationen bekommen und Erfahrungen machen, die „taubstummen" Reisenden verborgen bleiben.

Inhalt

Konversation

Anhang

Vorwort

Myanmar zählt zu den schönsten und ursprünglichsten Ländern der Welt. Um dieses faszinierende Land und sein freundliches Volk näher und besser kennen zu lernen, ist es erforderlich, sich mit der Landessprache zu befassen. Die mühsamen Verständigungsversuche in einer Drittsprache wie Englisch können somit erspart bleiben. Durch die Kenntnis der Landessprache ist es nicht nur bequemer, sondern man macht sich auch beliebter, denn bei den Myanmaren erstrahlt sofort das Lächeln, wenn sie einen Europäer Myanmarisch (Burmesisch) sprechen hören.

Wie viele andere asiatische Sprachen ist Myanmarisch eine tonale Sprache. Deshalb können manche Wörter und Sätze für Europäer besonders schwierig erscheinen; viele sind aber auch relativ einfach auszusprechen. In diesem Büchlein sind die Wörter und Redewendungen sorgfältig ausgewählt: für die Verständigung im Flughafen, im Hotel, im Restaurant, bei Zoll- und Einwanderungsbehörden usw.

Mein besonderes Anliegen dabei ist es, dem Benutzer zu ermöglichen, auch eigenständig Sätze bilden zu können. Ich wünsche Ihnen viel Erfolg beim Lernen und Ausprobieren in Myanmar!

Maung Phone Myint

Hinweise zur Benutzung

Dieses Buch gliedert sich in die drei wichtigen Hauptabschnitte „Grammatik“, „Konversation“ und „Wörterliste“.

Die **Grammatik** beschränkt sich auf das Wesentliche und ist so einfach gehalten wie möglich. Deshalb sind auch nicht alle Ausnahmen und Unregelmäßigkeiten der Sprache erklärt. Wer nach der Lektüre dieses Büchleins tiefer in die Grammatik eindringen möchte, findet im Anhang Hinweise auf weiterführende Literatur.

In diesem Teil finden Sie Sätze aus dem Alltagsgespräch, die Ihnen einen ersten Eindruck davon vermitteln sollen, wie Myanmarisch „funktioniert“ und die Sie auf das vorbereiten sollen, was Sie später in Myanmar hören werden. Benutzen Sie die Beispielsätze auch als Satzschablonen und -muster, die Sie selbst Ihren Bedürfnissen anpassen.

Damit Sie die Wortfolge in den Beispielsätzen nachvollziehen können, ist eine **Wort-für-Wort-Übersetzung** in *kursiver* Schrift ergänzt. Wird ein Wort im Myanmarischen im Deutschen durch zwei oder mehrere Wörter übersetzt, sind diese in der Wort-für-Wort-Übersetzung durch einen Bindestrich verbunden, z. B.:

zè gà di nà hma.
Markt von dies in-der-Nähe an
Der Markt ist hier in der Nähe.

Kauderwelsch-AusspracheTrainer
*Falls Sie sich die wichtigsten myanmarischen Sätze, die in diesem Buch vorkommen, einmal von einem Myanmaren gesprochen anhören möchten, kann Ihnen Ihre Buchhandlung den **AusspracheTrainer** zu diesem Buch besorgen. Sie bekommen ihn auch über unseren Internetshop **www.reise-know-how.de** Alle Sätze, die Sie auf dem **Kauderwelsch-AusspracheTrainer** hören können, sind in diesem Buch mit einem 👂 gekennzeichnet.*

Werden in einem Satz mehrere Wörter angegeben, die man untereinander austauschen kann, steht ein Schrägstrich.

tjəno / tjəmȧ djaman / ostrìjȁ / swiss lumjòò ba.
Ich (m/w) bin Deutscher / Österreicher / Schweizer.

Mit Hilfe der Wort-für-Wort-Übersetzung können Sie die Beispielsätze leicht Ihren eigenen Bedürfnissen anpassen, auch wenn das Ergebnis nicht immer perfekt ist.

Die Wörterlisten am Ende des Buches helfen Ihnen dabei. Sie enthalten einen Grundwortschatz von je ca. 1000 Wörtern, mit denen man schon eine Menge anfangen kann.

Die **Umschlagklappe** hilft, die wichtigsten Sätze und Formulierungen stets parat zu haben. Hier finden sich schnell die wichtigsten Angaben zur Aussprache und eine kleine Liste der wichtigsten Fragewörter, Richtungs- und Zeitangaben.

Aufgeklappt ist der Umschlag eine wesentliche Erleichterung, da nun die gewünschte Satzkonstruktion mit dem entsprechenden Vokabular aus den einzelnen Kapiteln kombiniert werden kann.

Wenn alles nicht mehr weiterhilft, dann ist vielleicht das Kapitel „Nichts verstanden? – Weiterlernen!" der richtige Tipp. Es befindet sich ebenfalls im Umschlag, stets bereit, mit der richtigen Formulierung für z. B. „Ich habe leider nicht verstanden." oder „Wie bitte?" auszuhelfen.

Seitenzahlen
Um Ihnen den Umgang mit den Zahlen zu erleichtern, wird auf jeder Seite die Seitenzahl auch auf Myanmarisch angegeben!

Birma, Burma oder Myanmar?

Es gibt leider im Deutschen keinen eindeutigen Namen für das Land, das ohnehin nicht besonders bekannt ist: „Birma“ und „Burma“. Im Deutschen hieß es früher „Birma“. Somit war „Birmane” der Begriff für die Einwohner des Landes und jemand spricht Birmanisch.

Der Name „Burma“ hingegen wurde zuerst von portugiesischen Seefahrern im 15. Jh. erwähnt und später nach der Kolonialisierung des Landes von den Engländern offiziell weiter verwendet. Bevor die Engländer nach Myanmar kamen, waren sie in Indien schon lange als Kolonialherrscher fest im Sattel. Sie nannten das benachbarte Land, wie die Inder, „Bamar”. Vermutlich durch Angleichung an ihre Sprache ist aus „Bamar” „Burma” geworden.

Seit 1990 besteht die Regierung darauf, dass das Land offiziell „Myanmar“ heißt, so wie es in der Landessprache schon immer geheißen hat. Das Wort „Myanmar“ stellt einen repräsentativen Namen für alle Völker, die im Lande leben, dar. Abgesehen von kleinen Völkergruppen in extrem unwegsamen Bergregionen, kann wie erwähnt die überwältigende Mehrheit Birmanisch. Etwa 80% der Myanmaren sprechen es als Muttersprache und 95% der gesamten Landesbevölkerung benutzen es als offizielle Verkehrs- und Handelssprache. Daher wird die Sprache im Land selbst auch stets als **mjanmar** („myanmarisch“) bezeichnet, nicht als **bamar** („birmanisch“).

Über die Sprache

Die Sprache Myanmars gehört zum tibeto-birmanischen Zweig der sino-tibetischen Sprachfamilie und stammt vom Tibet-Plateau, von wo aus die Myanmaren 300 n. Chr. nach Süden ins Ayeyarwaddytal eingewandert waren. Es gab in der myanmarischen Geschichte drei große Völkerwanderungen.

Die der Mon-Khmer-Sprachgruppe angehörenden Mons waren damals schon in Nieder-Myanmar angesiedelt. Wie die Birmanen auch, waren sie früher in Tibet (Südwest-China) ansässig. Kurz vor der christlichen Zeitwende wanderten sie nach Süden aus und errichteten Thaton als ihre goldene Hauptstadt. Die letzte Gruppe, die sich Shan nennt, kam viel später, im 12. Jahrhundert, aus dem damaligen Nancho-Reich (heutiger Bundesstaat Yunan in China).

Über die Sprache

Im heutigen Myanmar leben knapp 55 Millionen Menschen. Etwa 70% von ihnen sind Birmanen. Die restlichen 30% teilen sich in sage und schreibe 143 verschiedene ethnische Minderheiten auf. Die größten dieser Völkergruppen sind Shan, Kayin, Kachin, Yakhine, Mon, Chin und Kayah. Die erwähnten Völkergruppen, außer den Yakhine (Yakhine sprechen birmanischen Dialekt), haben ihre eigenen Sprachen, die die Birmanen weder sprechen noch verstehen können.

Dieses Buch richtet sich an Touristen, die Myanmar bereisen und auch an diejenigen, die sich aus verschiedenen anderen Gründen im Lande aufhalten und möglichst schnell die Sprache erlernen wollen.

Dieses Büchlein ist außerdem nur fürs Sprechenlernen zuständig, denn die myanmarische Schrift zu erlernen, beansprucht noch viel mehr Zeit und Mühe. Statt der myanmarischen Schrift wird in diesem Buch eine Lautschrift benutzt. Diese Lautschrift ist speziell für Kauderwelsch entwickelt und entspricht **nicht** den internationalen phonetischen Regelungen!

Myanmarische Schrift wurde nur für die wichtigsten Sätze zum Draufzeigen ergänzt.

Töne, Aussprache und Betonung

Myanmarisch zählt, wie viele andere asiatische Sprachen, zu den tonalen Sprachen. Eine Tonsprache zeichnet sich aus durch verschiedene Töne, die aus einem Buchstaben bzw. einer Silbe unterschiedliche Bedeutungen hervorrufen. Im Birmanischen gibt es vier Töne in unterschiedlichen Höhen und Längen. Es ist daher sehr wichtig, die Wörter in jeder einzelnen Silbe mit richtigem Ton auszusprechen!

1. Ton **ȧ**	**2. Ton** **a**	**3. Ton** **à**	**4. Ton** **a'**

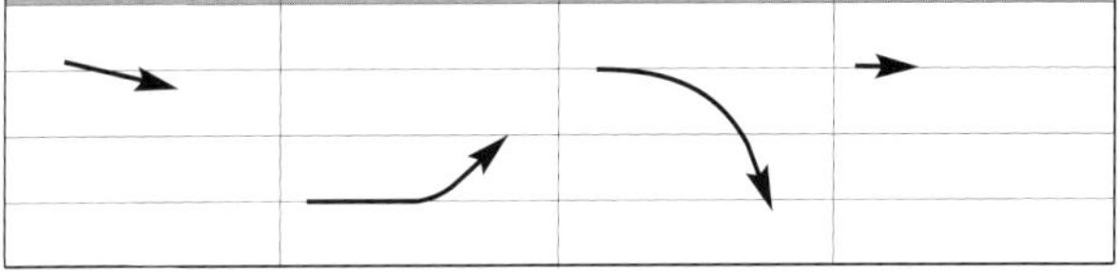

Einige Vokale haben nur drei Töne. Das heißt, bei bestimmten Vokalen entfällt der vierte Ton. Es folgt je ein Beispiel für eine Silbe, die in allen vier Tönen jeweils unterschiedliche Bedeutungen hat:

kȧ	tanzen	**sȧ**	anfangen
ka	zudecken	**sa**	Brief
kà	Auto	**sà**	essen
ka'	Karte; ankleben	**sa'**	scharf

„a" steht als selbstständiges Hauptzeichen. Die Selbstlaute werden als Zusatzzeichen um den Konsonanten (Mitlaut) herumgeschrieben. Im Folgenden werden alle Vokale in jeweils allen drei oder vier Tönen angegeben.

Selbstlaute (Vokale)			
1. Ton	**2.Ton**	**3.Ton**	**4.Ton**
အ **ȧ**	အာ **a**	အား **à**	အတ် **a'**
အဲ့ **ä̇**	အယ် **ä**	အဲ **ä̀**	အက် **ä'**
အေ့ **ė**	အေ **e**	အေး **è**	– –
အိ **ï**	အီ **i**	အီး **ì**	အစ် **i'**
အော့ **ȯ**	အော် **o**	အော **ò**	– –
အို့ **ȯȯ**	အို **oo**	အိုး **òò**	– –
အု **u̇**	အူ **u**	အူး **ù**	အွတ် **u'**

Nasale & Diphtonge			
1. Ton	**2.Ton**	**3.Ton**	**4.Ton**
အိမ့်/န့် **ȧin**	အိမ်/န် **ain**	အိမ်း/န်း **àin**	အိတ်/ပ် **ai’**
အန့် /မ့် **ȧn**	အန်/မ် **an**	အန်း/မ်း **àn**	– **-**
အောင့် **ȧun**	အောင် **aun**	အောင်း **àun**	အောက် **au’**
အိုင့် **ėin**	အိုင် **ein**	အိုင်း **èin**	အိုက် **ei’**
အင့် **ïn**	အင် **in**	အင်း **ìn**	– –
အုံ့/အုန့် **ȯun**	အုံ/အုန် **oun**	အုံး/အုန်း **òun**	အုတ်/ပ် **ou’**
အွန့် **u̇n**	အွန် **un**	အွန်း **ùn**	– –

Achtung:
a+i *klingt wie „ey“ oder „äj“.*

e+i *verschmilzt (genau wie im Deutschen!) zu „aj“.*

Ein sehr häufig verwendeter Vokal wird mit **ȧ** (im 1. Ton) geschrieben, aber anders (neutral) ausgesprochen. In diesem Buch wird er mit **ə** dargestellt. Dieser Vokal wird mit der Zunge in absolut neutraler Position ausgesprochen. Das heißt, er muss auf dem zentralen Punkt der Zunge, weder hoch noch niedrig, weder vorne noch hinten, gesprochen werden, so wie im englischen „<u>a</u>bout“ oder im deutschen „<u>al</u>lein“.

Dieser Vokal ist besonders wichtig, vor allem bei der Substantiv-Bildung aus Verben und Eigenschaftswörtern (mehr dazu in den jeweiligen Kapiteln). Hier 2 Beispiele:

pjò	sprechen
əpjò	das Sprechen, die Rede
hlȧ	schön
əhlȧ	die Schönheit

Insgesamt gibt es somit 51 Vokale in 4 Tönen.

Es gibt insgesamt 32 Konsonanten, von denen einige aber nur sehr selten benutzt werden. In allen Mitlauten ist der Vokal „a" (im ersten Ton) automatisch enthalten.

Mitlaute

က **kȧ**	ခ **khȧ**	ဂ **gȧ**	ဃ **gȧ**	င **ngȧ**
စ **sȧ**	ဆ **shȧ**	ဇ **zȧ**	ဈ **zȧ**	ည **njȧ**
ဋ **tȧ**	ဌ **thȧ**	ဍ **dȧ**	ဎ **dȧ**	ဏ **nȧ**
တ **tȧ**	ထ **thȧ**	ဒ **dȧ**	ဓ **dȧ**	န **nȧ**
ပ **pȧ**	ဖ **phȧ**	ဗ **bȧ**	ဘ **bȧ**	မ **mȧ**
ယ **jȧ**	ရ **jȧ**	လ **lȧ**	ဝ **wȧ**	သ **ðȧ**
	ဟ **hȧ**	ဠ **lȧ**	အ **ȧ**	

Darüber hinaus gibt es sozusagen zusammengesetzte Konsonanten. Sie werden mit Zusatzzeichen um den Hauptkonsonanten herumgeschrieben.

Buchstabe		Beispiel	
ကြ	**tjȧ**	**tjəno**	ich
ခြ	**tschȧ**	**tschi'**	lieben
ဂြ	**djȧ**	**djoun**	Weizen
လှ	**hlȧ**	**hlȧ**	schön
ရှ	**schȧ**	**schȯ**	runterhandeln
လျှ	**hljȧ**	**hlja'si'**	Strom, Elektrizität

Außerdem gibt es einen Laut am Ende des Satzes: **n.** Das ist ein neutraler nasaler Laut am Silbenende. Er wird ausgesprochen, indem man ein normales „n" ohne Luftstromunterbrechung mit Zunge am Ende ausspricht.

hìn	**mìn**
Gericht	du

Zum Einüben der richtigen Aussprache empfiehlt sich die Anschaffung der Begleit-CD:

Lautschrift & Aussprache

ai	wie in „h**ey**" oder schwedisch „h**ej**"
ei	wie in „**Ei**"
b, d	wie im Deutschen
ð	wie im englischen „**th**e"
g	behaucht, wie in „**G**ang"
j	wie im Deutschen
k	nicht behaucht, wie in „A**k**te"
kh	behaucht, wie in „**K**anne"
l, m, n	wie im Deutschen
ng	wie in „I**ng**e"
nj	wie in „Ta**nj**a"
p	nicht behaucht, wie in „Kla**pp**tisch"
ph	behaucht, wie in „Eta**pp**e"
s	stimmlos, wie in „Ku**ss**"
sh	behaucht, stimmlos, wie in „Ma**ss**e"
t	nicht behaucht, wie in „Sala**t**"
th	behaucht, wie in „**Th**ema"
w	wie im engl. „**w**ay"
z	stimmhaft, wie in „**s**agen"

„zusammengesetzte" Konsonanten

tj	wie in „**tj**a!"
tsch	wie in „**Tsch**üß!"
dj	zwischen „A**dj**utant" und „**Dsch**ungel" (zusammen als ein Laut gesprochen)
hl	das h wird mitgesprochen!
sch	wie in „lö**sch**en"
hlj	nicht zusammengezogen, sondern deutlich nacheinander ausgesprochen

Wörter, die weiterhelfen

Die wichtigsten Wörter und Sätze in einer Sprache sind Fragen nach Grundbedürfnissen wie Essen, Trinken, und Schlafen, wo etwas sich befindet, und ob und wie man bestimmte Sachen bekommen kann. Die gesuchten Objekte, Personen, Monumente stehen anders als im Deutschen immer am Anfang des Satzes.

... bähma lå̀?
... wo ?
Wo ist ... ?

<u>X hotel</u> bähma lå̀?
<u>X Hotel</u> wo ?
Wo ist <u>Hotel X</u>?

(Das Verb „sein" ist hier nicht nötig!)

zè	Markt
phəjà	Pagode
butajoun	Bahnhof
phòundjìtjàun	Mönchskloster
lezai'	Flughafen
kàgai'	Bushaltestelle
sàðau'shein	Restaurant
tä'kəsi	Taxi
sadei'	Post
ainða	Toilette
jå̀səkhàn	Polizei

Die Antworten können sein:

di nà hma
dies in-der-Nähe an
hier

hoo nà hma
jenes in-der-Nähe an
dort

zè nà hma
Markt in-der-Nähe an
in der Nähe vom Markt

nì dä.
nah Geg.
Es ist nah.

wè dä.
weit Geg.
Es ist weit.

shä mïni' schau' jin jau' tä.
zehn Minuten gehen wenn erreichen Geg.
10 Minuten zu Fuß.

Wenn man irgend etwas haben möchte:

... schï là?
... haben Ent.-?
Gibt es ... ? Haben Sie ... ?

əkhàn	Zimmer
sàzəja	etwas zu essen
je	Wasser
bija	Bier
hngəpjòðì	Banane
jəthà	Zug
ba'səkà	Bus
shei'kà	Rikscha

Die Antworten sind möglicherweise:

hou'kå schï badä.
stimmt haben höfl.-Geg.
Ja, haben wir.

hïn-ìn mə schï bù.
Nein nicht haben nein.
Nein, haben wir nicht.

Wenn man etwas benötigt, kann man seinen Wunsch auch so zum Ausdruck bringen:

... loo djin badä.
... brauchen möchten höfl.-Geg.
Ich hätte gerne ... / Ich brauche ...

shè	Medikament
sha'pja	Seife
də bä'saun	Handtuch
ainða sä'ku	Toilettenpapier
dəzai'gaùn	Briefmarke

Andere Varianten sind:

... jȧ mə là?
... bekommen werden Ent.-?

... jȧ là?
... bekommen Ent.-?

ləphä'je	Tee
kophi	Kaffee
jeðȧn	Mineralwasser

Verb + pèba = höfliche Aufforderung

je wä pèba.
Wasser kaufen höfl.-Auff.
Kaufen Sie / kauf mir / uns Wasser,bitte.

Substantiv + pè ba = normale Aufforderung

je pè ba.
Wasser geben Auff.
Geben Sie / gib mir / uns Wasser, bitte.

ai'	Tüte
bòlpin	Kugelschreiber
rabaphəna'	Gummi-Sandale

Hauptwörter (Substantive)

Wie ein myanmarisches Sprichwort lautet: „Ohne Grammatik keine Sprache", ist es unentbehrlich, sich darüber einen guten Überblick zu verschaffen.

Wie in vielen asiatischen Sprachen existieren im Myanmarischen keine Veränderungen des Hauptwortes im Satz. Es gibt keine Beugung und keinen Artikel. Alle Hauptwörter sind generell neutral. Auch bei den Menschen sind Berufs- und Charakterbezeichnungen in der Regel neutral. Nur wenn man besonders betonen möchte, dass es sich um eine Frau oder einen Mann handelt, verwendet man die Endungen -**ðəmà** (männlich) und -**ðəmȧ** oder -**ðumȧ** (weiblich).

läðəmà	Bauer
läðumȧ	Bäuerin
əlou'ðəmà	Arbeiter
əlou'ðəmȧ	Arbeiterin

Bei manchen Berufsbezeichnungen sind normalerweise deren männliche Vertreter gemeint, weil sie ursprünglich von Männern besetzt waren. Für die weibliche Form fügt man einfach **-mȧ** hinzu:

shəja	Lehrer
shəjamȧ	Lehrerin
səjè	Büroangestellter
səjèmȧ	Büroangestellte
schėne	Anwalt
schėnemȧ	Anwältin

Bei Tieren und bestimmten Baumarten gibt es klare Endungen für beide Geschlechter. Man hängt einfach **-thì** oder **-phoo** für das männliche und **-mȧ** für das weibliche an:

khwèthì	Hund
khwèmȧ	Hündin
tjaunthì	Kater
tjaunmȧ	Katze
thànphoo	männl. Toddypalmbaum
thànmȧ	weibl. Toddypalmbaum

Es gibt aber auch Abweichungen von der Regel:

tjaùnðà	Schüler
tjaùnðu	Schülerin
mìnðà	Prinz
mìnðəmì	Prinzessin

Anders als im Deutschen gibt es keinerlei Geschlecht, das heißt keinen Artikel, für Gegenstände und andere Natur-Substantive. „Stuhl" oder „Berg" sind neutral.

Zusammengesetzte Hauptwörter sehen so aus:

sadei'	*(Brief + Gebäude)*	Post
ði'pin	*(Holz + Pflanze)*	Baum
mjä'hman	*(Auge + Glas)*	Brille
lä'su'	*(Hand + anbringen)*	Ring

Hauptwörter (Substantive)

Aus Verben und Eigenschaftswörtern können Hauptwörter gebildet werden, indem man einfach die Vorsilbe **ə-** vor das jeweilige Verb oder Adjektiv stellt.

sà	essen
əsà	Essen
ðau'	trinken
əðau'	Getränk
kȧ	tanzen
əkȧ	Tanz
hlȧ	schön
əhlȧ	Schönheit

Gleichermaßen kann man Nachsilben wie **djìn** und **hmu̇** an Verben und Adjektive anhängen, um daraus ein Hauptwort zu bilden:

phai'tjà	einladen
phai'tjàdjìn	Einladung
ðȧnschìn	sauber
ðȧnschìnhmu̇	Sauberkeit
ðȧnschìnhmu̇ schï ba	Bitte
Sauberkeit haben Auff.	sauber halten!
nàlä	verstehen
nàlähmu̇	Verständnis
nàlähmu̇ schï ba	Wir bitten um
Verständnis haben Auff.	Verständnis.

Ferner gibt es Wörter wie **bȯȯ** (nach 4. Ton **phȯȯ**) oder **zəja** für Konstruktionen, die im Deutschen mit „zu“ ausgedrückt werden:

sàbȯȯ / sàzəja	(etwas) zu essen
ðau'phȯȯ / ðau'sə(zə)ja	(etwas) zu trinken
ai'phȯȯ/ ai'səja	(etwas) zu schlafen

sà zəja schï là?
essen zu haben Ent-?
Haben Sie / Hast du etwas zu essen ?

ai'phȯȯ neja schï là?
schlafen-zu Platz haben Ent-?
Gibt es hier einen Platz zum Schlafen?

Lehnwörter

Auch Fremdwörter gibt es im Myanmarischen. Die meisten sind aus **Pali**, der heiligen Schrift und Sprache für Therawada-Buddhisten, übernommen. Diese Wörter spiegeln sich sehr häufig in buddhistischen Ritualen, im Alltagsleben, in sozialen Bereichen und Aktivitäten. Einige wichtige von ihnen sind:

nai' ban	Nirvana
sedəna	Wille zum Spendieren, der Wunsch, anderen Gutes zu tun
mji' ta	Liebe, sanfte Liebe, barmherzige Liebe
bou'dȧ	Buddha, der Erleuchtete
təjà, dəmȧ	Lehre Buddhas
ðanjòzin	Bindungskraft der Liebe (Anziehungskraft der Liebe)
dou' khȧ	Leid, das Problem

Hauptwörter (Substantive)

Die aus dem Englischen übernommenen Wörter sind, wie überall, meistens neu erfundene Geräte und internationale Begriffe aus moderner Zeit. Sie sind beispielsweise:

redijoo	Radio
tälibi'schìn	Fernseher
kinməra	Kamera
phəlin	Film
kä'sä'	Kassette
bidijoo	Video
kà	Auto
shei' kà *(Side Car)*	Rikscha
tä'kəsi	Taxi
kunpjuta	Computer
ầ kùn *(Air Con)*	Klimaanlage
hotä	Hotel
sìkərä'	Zigarette
bija	Bier

Mehrzahl

Für Mehrzahlbildung wird jedem Hauptwort das Wort **de** angehängt.

lu	Mensch	**lude**	Menschen
ain	Haus	**ainde**	Häuser
pji'sì	Sache	**pji'sìde**	Sachen
kà	Auto	**kàde**	Autos
làn	Straße	**lànde**	Straßen

Persönliche Fürwörter

Dieses Kapitel ist ziemlich vielfältig. Man sollte unbedingt darauf achten, die richtigen Fürwörter zu benutzen, auch in Situationen oder Umständen, die Europäern fremd sind. Es gibt unterschiedliche Fürwörter für männliche und weibliche Sprecher, für Mönche und Nonnen.

Dabei berücksichtigt werden in der Regel: die Ranghöhe der Gesprächspartner in der Gesellschaft, das Alter, die Beziehung zueinander. Außerdem gibt es eine Redeart, in der der Sprechende von sich wie von einer dritten Person spricht. Für dieses Büchlein wurden die Fürwörter ausgewählt, mit denen man in den allermeisten Fällen zurecht kommt (siehe auch „Kurz-Knigge“).

Persönliche Fürwörter

Sprecher:	männlich	weiblich	unisex (neutral)
ich *(formell)*	**tjəno**	**tjəmȧ**	**tjou'** *(etwas grob)*
ich *(informell)*	**nga, koo**	**nga, dȯȯ**	**nga, dȯȯ**
du	**mìn**	**nin**	**mìn, nin**
er, sie, es	**ðu**	**ðumȧ**	**ðu**
Sie *(formell, Ez)*	**khinbjà**	**schin**	-
wir *(formell)*	**tjənodȯȯ**	**tjəmȧdȯȯ**	**tjou'tȯȯ (dȯȯ)**
wir *(informell)*	**ngadȯȯ**	**ngadȯȯ**	**dȯȯ**
Sie *(formell, Mz)*	**khinbjàdȯȯ**	**schindȯȯ**	-
ihr	**mìndȯȯ**	**nindȯȯ**	**mìndȯȯ, nindȯȯ**
sie *(Mz)*	**ðudȯȯ**	**ðudȯȯ**	**ðudȯȯ**

Die Einteilung *(informell)* und *(formell)* kann man als Entsprechung zu „geduzt" und „gesiezt" betrachten. Beachte: geht der 4. Ton voran, wird **dȯȯ** zu **tȯȯ**!

Bei **schin** *und* **khinbjà** *spielt es eine Rolle, ob der Sprecher männlich oder weiblich ist: Eine Frau verwendet immer* **schin** *und ein Mann immer* **khinbjà.** *Beides heißt „Sie" und wird für Angesprochene beiderlei Geschlechts verwendet.*

Duzen und Siezen

Im Myanmarischen ist das Duzen und Siezen viel komplizierter als im Deutschen. Wenn man das nicht beachtet, kann es zu Unstimmigkeiten führen. In der Regel duzt man enge gleichaltrige Freunde oder wesentlich jüngere fremde Gesprächspartner. Der Altersunterschied spielt die entscheidende Rolle dafür, in welcher Form man die anderen anredet.

Außerdem gibt es eine Sonderart von Anrede, in der die Gesprächspartner miteinander wie in einer Familie sprechen.

Die Mitglieder einer Familie reden gewöhnlich, als wären sie sowohl Sprecher als auch Zuhörer, von sich selbst in der dritten Person. Zum Beispiel das Gespräch zwischen Mutter und Sohn:

ðà thəmìn sà mə là?
Sohn Reis essen werden Ent.-?
Sohn, möchtest du essen?

ðà mə sha ðè bù, əme bȁ sà ba.
Sohn nicht hungrig noch nein, Mutter nur essen Auff.
Ich habe keinen Hunger, du kannst ruhig schon essen, Mutter.

Selbst unter Fremden benutzen Myanmaren je nach Alter die Anreden für Opa, Oma, Onkel, Tante, Sohn, Tochter, Bruder, Schwester usw. Es gilt als sehr höflich und keiner nimmt es übel, wenn jemand sein Alter höher einschätzt und ihn auch entsprechend anredet.

Auf dem Markt zum Beispiel hört man sehr oft folgende Konversation zwischen einem mittelalten Käufer und einer jungen Verkäuferin:

ùlè gəzùnjwä' wä ba-oùn.
Onkel Wasserkresse kaufen höfl.-Auff.
Onkel, kaufen Sie doch mal Wasserkresse.

è ðəmì bäloo jaùn lȁ?
ja Tochter wie verkaufen ?
Ja, wie viel kostet das?

Außerdem ist bemerkenswert, dass die Eltern ihre Kinder duzen und die Kinder hingegen ihre Eltern siezen. Andersherum ist ein unvorstellbares Tabu! Der Ehemann duzt seine Frau und die Ehefrau siezt ihren Mann, es sei denn, dass die Frau viel älter ist als der Mann, was allerdings sehr selten ist.

Besitzanzeigende Fürwörter

Wie im Deutschen auch, steht das Besitztum nach dem Fürwort. Dabei werden die normalen Fürwörter (Pronomen) nicht verändert. Es wird allerdings im höheren Ton (ersten Ton) gesprochen.

tjənȯ pa'spȯȯ	mein Reisepass
ðù ain	sein Haus
ngadȯȯ kà	unser Auto
mìndȯȯ teìnpji	euer Land

Für die Mehrzahl bleibt der Ton unverändert, da sie ohnehin im ersten Ton steht.

Man kann das Besitzverhältnis auch mit Hilfe der Präposition **jä̇** (von) wie im Deutschen zum Ausdruck bringen.

ngadȯȯ jä̇ pei'shan *wir von Geld*	unser Geld
ðù jä̇ pja'ðəna *sein von Problem*	sein Problem

Die Hauptwörter stehen wie im Deutschen hinter den hinweisenden Fürwörtern, gefolgt gegebenenfalls von einer Präposition.

Mìnmìn jä̇ maìnmȧ	Minmins Frau
Hlahlȧ jä̇ əme	Hlahlas Mutter
Winwin jä̇ sä'baìn	Winwins Fahrrad
ðùðəngädjìn jä̇ ain *sein-Freund von Haus*	das Haus seines Freundes

Mit dem Wort **ha** (Sache) wird den Kurzsätzen einfach Besitztum verliehen.

Am Flughafen beim Einchecken beispielsweise kann man sich so ausdrücken, ohne den Gegenstand genau zu nennen:

tjənò ha *mein Sache*	Das ist meins. Das gehört mir.
khinbjà ha *Sie Sache*	Das ist Ihres. Das gehört Ihnen.
khinbjà ha là? *Sie Sache Ent-?*	Ist das Ihres? Gehört das Ihnen?

Hinweisende Fürwörter

Entsprechend den deutschen hinweisenden Fürwörtern „dieses" und „jenes" gibt es im Myanmarischen:

dieses und jenes

di	dieser, diese, dieses
hoo	jener, jene, jenes
da	dies
di lu	dieser Mann
hoo əmjòòðəmì	jene Frau

da ngadòò ain
dies unser Haus
Das ist unser Haus.

Hinweisende Fürwörter

Das Fürwort **da** steht sozusagen am nächsten zum Sprecher, **di** ist für das, was sich in der Nähe befindet und **hoo** ist für Personen, Objekte und Zeiten, die relativ entfernt sind.

di jəthà
dieser Zug

hoo kà
jener Bus

da bȁ là?
dies nur Ent.-?
Ist das alles?

da bȁ.
dies nur
Ja, das ist alles.

da dȯȯ neja là?
dies unser Platz Ent.-?
Ist das unser Platz?

hier und dort

Die Wörter „hier" und „dort" werden im Myanmarischen mit Präpositionen gebildet.

di hma
dies an
hier

hoo hma
jenes an
dort

Das Hauptwort steht direkt zwischen dem hinweisenden Fürwort und der Präposition:

di hotä hma
dies Hotel in
in diesem Hotel

hoo kà htȁ hma
jenes Auto innen an
in jenem Auto (Bus)

di nà hma	**hoo nà hma**
dies in-der-Nähe an	*jenes in-der-Nähe an*
hier in der Nähe	dort in der Nähe

zè gả di nà hma.
Markt von dies in-der-Nähe an
Der Markt ist hier in der Nähe.

phəjà gả hoo nà hma.
Pagode von jenes in-der-Nähe an
Die Pagode ist dort in der Nähe.

di goo la ba.
dies zu kommen Auff.
Kommen Sie / Komm hierher.

hoo goo ðwà ba.
jenes nach gehen Auff.
Gehen Sie / geh dorthin.

di gả	**hoo gả**	**di goo**	**hoo goo**
dies von	*jenes von*	*dies zu*	*jenes zu*
von hier	von dort	hierher	(nach) dorthin

di bä' hma
dies Seite an
auf/an/in/von der Seite (nah)

hoo bä' hma
jenes Seite an
auf/in/an/von der Seite(enfernt)

Tätigkeitswörter (Verben)

Es gibt im Myanmarischen keine Beugung der Verben. Die Zeiten einer Handlung werden in fest geregelten Partikeln (Funktionswörtern) gezeigt, unabhängig von Einzahl oder Mehrzahl. Daher ist dieses Kapitel ziemlich leicht. Ferner gibt es keine schwachen oder starken Verben, alle Verben werden ohne jegliche Veränderung gleich gestellt.

Das Verb steht immer am Ende des Satzes und spielt zum Teil eine größere Rolle als die Hauptwörter. Oft kann man mit einem Verb (einschließlich Funktionswort) allein einen vollständigen Satz bilden. Das Subjekt wird weggelassen, weil die Situation klar ist.

nàlä là?
verstehen Ent.-?
Verstehen Sie? / Verstehst du?

ðwà mə là?
gehen werden Ent.-?
Gehen wir?

ðwà mä.
gehen Zuk.
Ja, wir gehen.

phəjà ðwà mə lòò.
Pagode gehen werden Zuk.
Wir wollen / Ich will (jetzt gerade) zur Pagode gehen.

Bagan gà pjanla da.
Bagan von zurückkommen Auss.
Wir sind / Ich bin gerade aus Bagan zurückgekommen.

Gegenwart

Handlungen in der Gegenwart können unterschiedlich ausgedrückt werden. Generell fügt man nach dem Verb das Funktionswort **dä** an:

tjəno ðwà dä.
ich gehen Geg.
Ich gehe.

ðu la dä.
er/sie kommen Geg.
Er/sie kommt.

Will man ausdrücken, was man jetzt gerade tut, hängt man zusätzlich das Funktionswort für Kontinuität **ne** dazwischen. Diese Handlung ist zeitlich begrenzt.

ðu pjò ne dä.
er/sie sprechen gerade Geg.
Er /sie spricht gerade.

tjəno sapha' ne dä.
ich lesen gerade Geg.
Ich lese gerade.

Allgemeine unbeschränkte Handlungen, Gewohnheiten usw. drückt man ohne **ne** aus.

tjəmȧ sadei' hma əlou'lou' tä.
ich(w) Post in arbeiten Geg.
Ich arbeite bei der Post.

tjənȯ maìnmȧ ða'ða'lu' sà dä.
mein Frau tötungsfrei essen Geg.
Meine Frau isst vegetarisch.

Mjanma lumjòòde loungji wu' tä.
Myanmar Staatsbürger-Mz Londji tragen Geg.
Myanmaren tragen Londji.

Vergangenheit

Wenn schon ein entsprechendes zeitanzeigendes Wort für die Vergangenheit im Satz steht, kann man das Funktionswort **dä**, das normalerweise für die Gegenwart gilt, verwenden:

mənė gȧ tjəno pjȧdei' ðwà dä.
gestern von ich(m) Museum gehen Geg.
Gestern bin ich ins Museum gegangen.

lunkhȁdȁ əpa' kȧ(gȧ) mòòjwa dä.
vergangene Woche von regnen Geg.
Letzte Woche hat es geregnet.

Ansonsten ist das offizielle Funktionswort für die Vergangenheit **khȁdä.**

mənä' kȧ tjəno jəthà lä'hma' wä khȁdä.
morgen von ich(m) Zug Ticket kaufen Verg.
Heute morgen habe ich ein Zugticket gekauft.

vollendete Gegenwart (Perfekt)

Für die Bildung eines Perfektsatzes hängt man einfach die Endung **pìbi** (fertig sein) an das Verb.

tjəno/tjəmȧ nannä'sa sà pìbi.
ich(m/w)Frühstück essen fertig-sein
Ich habe schon gefrühstückt.

ngadȯȯ shwedagon phəjà ðwà pìbi.
wir Shwedagon Pagode gehen fertig-sein
Wir sind schon zur Shwedagon-Pagode gegangen.

(Die Präposition, „zu“ oder „nach“, kann auch weggelassen werden, weil die Situation klar ist.

khinbjà ngwe lȁ pìbi là?
Sie Geld tauschen fertig-sein Ent.-?
Haben Sie schon Geld getauscht?

pei'shan pè pìbi.
Geld geben fertig-sein
Das Geld ist schon bezahlt. (= Wir haben / ich habe schon bezahlt.)

tjəno/tjəmȧ di sa-ou' pha' pìbi.
ich(m/w) dies Buch lesen fertig-sein
Ich habe das Buch schon gelesen.

In der vollendeten Gegenwart kann man ohne das Verb „sein” einen Satz bilden:

alou' pìbi.	**kai'sȧ pìbi.**	**pja'ðəna pìbi.**
Arbeit fertig-sein	*Sache fertig-sein*	*Problem fertig-sein*
Die Arbeit ist fertig.	Die Sache ist erledigt.	Das Problem ist gelöst.

Zukunft

Die Partikeln für Zukunft lauten **mä** und **mə lȯȯ**.

*(***mä** *wird* **mə** *ausgesprochen, wenn noch ein Funktionswort wie* **lȯȯ** *folgt.)*

Verb + **mä** *(werden)* = Zukunft
Verb + **mə lȯȯ** *(werden +Auss.)* = unmittelbare Zukunft

ngadȯȯ dinė mjȯȯ htȁ ðwà mä.
wir heute Stadt innen gehen Zuk.
Wir gehen heute in die Stadt.

dinė njȧ mjanmaza sà mə lȯȯ.
heute Nacht birmanisch essen werden Auss.
Heute Abend gehe ich / gehen wir birmanisch essen.

ai'ja sòsò win mə lȯȯ.
Bett früh gehen werden Auss.
Ich gehe /wir gehen früh ins Bett.

„sein“ und „haben”

In der amtlichen Sprache benötigt man „sein”, um einen kompletten Satz zu bilden. Dennoch gebraucht man es in der normalen Umgangssprache sehr selten, denn die Situation ist meist eindeutig.

khinbjà ba əlou'lou' lȁ?
Sie was arbeiten ?
Was machen Sie beruflich?

tjəno indjinnija ba.
ich(m) Ingenieur Auss.
Ich bin Ingenieur.

tjəmȧ djaman lumjòò ba.
ich(w) deutsch Staatsbürger Auss.
Ich bin Deutsche.

Auch um Eigenschaftswörter im Satz auszudrücken, braucht man das Verb „sein” nicht.

di maìnmȧ hlȧ dä.
diese Frau schön Geg.
Das ist eine schöne Frau.

Inle kan toto tjì dä.
Inle See ziemlich groß Geg.
Der Inle-See ist groß.

ðu bäðu lȁ?
er/sie wer ?
Wer ist er /sie?

da ba lȁ?
das was ?
Was ist das?

Für die Frage mit Fragewörtern ist das Verb „sein" ebenfalls überflüssig.

da ba əshau'ə-u lȁ?
dies was Gebäude ?
Was ist das für ein Gebäude?

da bälau' lȁ?
dies wieviel ?
Was macht das? (Wie viel kostet das?)

Bagan gȧ Mandalay goo bälau' wè lȁ?
Bagan von Mandalay nach wieviel weit ?
Wie weit ist es von Bagan nach Mandalay?

schï — „haben", „im Besitz sein"

tjənȯ hma kȧ schï dä.
ich(m) an Auto haben Geg.
Ich habe ein Auto.

Mìnmìn hma pei'shan schï dä.
Minmin an Geld haben Geg.
Minmin hat Geld.

di lù hma ainthaun schï dä.
dieser Mann an Familie haben Geg.
Dieser Mann hat eine Familie.

Dem deutschen „es gibt" entspricht im Myanmarischen dasselbe Verb: **schï**.

Mjanma pji hma phəjàde əmjàdjì schï dä.
Myanmar Land in Pagoden viel haben Geg.
Es gibt viele Pagoden in Myanmar.

dinė njȧne kȧbwȁ schï dä.
heute Abend Theater haben Geg.
Es gibt heute Abend eine Tanzvorführung.

neja schï ðè là?
Platz haben noch Ent.-?
Gibt es noch Platz?

pjò zəja schï ðè là?
sagen zu haben noch Ent.-?
Haben Sie / Hast du noch etwas zu sagen?

Hilfsverben

Anders als im Deutschen nimmt das Modalverb nach dem Hauptverb seinen Platz ein. So heißt es anstatt „Ich kann sprechen": „Ich sprechen kann".

ta' und **hnein** – können

Für „können" gibt es zwei Varianten.

Das eine, **ta',** entspricht einer Fähigkeit oder Gewohnheit, das zweite, **hnein,** eher einer Erlaubnis oder Zustimmung. Wenn man sie verwechselt, ist es aber auch nicht schlimm, man wird durchaus verstanden.

tjəno/tjəmȧ mjanma loo nȁnȁ pjò ta' tä.
ich(m/w) Myanmar auf wenig sprechen kann Geg.
Ich kann ein bisschen Myanmarisch sprechen.

ðu əjä' mə ðau' ta' phù.
er/sie Alkohol nicht trinken können nein
Er / sie trinkt keinen Alkohol.

khinbjàdȯȯ Bagan gȧ Mandalay goo ðhìnbò nä̇ ðwà hnein dä.
Sie Bagan von Mandalay nach Schiff mit gehen können Geg.
Sie können von Bagan nach Mandalay mit dem Schiff fahren.

pei'shan lä̇ pè hnein là?
Geld tauschen geben können Ent.-?
Können Sie Geld tauschen, bitte?

mìn ngadȯȯ nä̇ lei' hnein là?
du wir mit folgen können Ent.-?
Kannst du mit uns mitgehen?

djin (nach 4. Ton **tschin)** – möchten

tjəno bija ðau' tschin dä.
ich(m) Bier trinken möchten Geg.
Ich möchte gerne Bier trinken.

tjəmȧ əkhàn kaùnkaùn loo djin dä.
ich(w) Zimmer gut brauchen möchten Geg.
Ich möchte gern ein gutes (schönes) Zimmer.

ðhïn – sollen

phəjà po hma boùnbi doo mə wu' ðhïn bù.
Pagode auf an Hose kurz nicht tragen sollen nein
Man soll auf der Pagode keine kurze Hose tragen.

tjənodȯȯ mjanmjan ðwà ðhïn dä.
wir schnell gehen sollen Geg.
Wir sollen schnell gehen.

jà – müssen

khinbjàdòò ngwe lầ jà mä.
Sie(Mz) Geld tauschen müssen Zuk.
Sie müssen Geld tauschen.

tjəmàdòò jầthanà ðwà jà mä.
Wir (w, Mz) Polizei gehen müssen Zuk.
Wir (w, Mz) müssen zur Polizei gehen.

lòòjà – dürfen

Es gibt keine direkte Entsprechung für dieses Modalverb. Es wird in einer Form als Frage nach „zu müssen" bzw. „zu können" ausgedrückt. Dazu wird **lòòjà** *in eine Form umgewandelt, in der es wie „dürfen" fungiert.*

dihma da'pounjei' lòòjà là?
hier Foto-schlagen dürfen Ent.-?
Darf man hier fotografieren?

thein lòòjà là?
sitzen dürfen Ent.-?
Darf man hier sitzen?

di deðà goo ðwà lòòjà là?
dies Gegend nach gehen dürfen Ent.-?
Darf man in diese Gegend fahren?

jầ – sich trauen, den Mut haben, wagen

khinbjà ngəjou'ðì sà jầ là?
Sie Chili essen wagen Ent.-?
Trauen Sie sich, Chili zu essen?

nga lou' jầ dä.
ich machen wagen Geg.
Ich habe den Mut, es zu machen.

Wichtige Verben			
leben	**ne**	anschauen	**tjï**
essen	**sà**	lächeln	**pjòun**
trinken	**ðau'**	lachen	**ji**
schlafen	**ai'**	warten	**sȧun**
gehen	**ðwà**	stehen	**ja'**
kommen	**la**	sitzen	**thein**
sprechen	**pjò**	liegen	**hlȁ**
hören	**nàthaun**	glauben	**thin, joun**
nehmen	**ju**	lieben	**tschi'**
geben	**pè**	mögen	**tjei'**
kaufen	**wä**	reisen	**khəjìðwà**
verkaufen	**jaùn**	rasten,ausruhen	**nà**
schreiben	**jè**	zählen	**je**
lesen	**pha'**	tragen, ankleiden	**wu'**
sehen	**mjin**	sagen	**pjò**

Aufforderung

Wenn man ein Verb wie im Deutschen allein ausspricht, hat es den Charakter einer Aufforderung, allerdings informell.

ðwà	**la**	**pjò**
geh!	komm!	sag!

Um der Aufforderung Höflichkeit zu verleihen, auch beim Siezen, addiert man einfach das Funktionswort **ba** (nach 4. Ton **pa**):

ðwà ba	**la ba**	**pjò ba**
gehen Sie bitte	kommen Sie bitte	sagen Sie bitte

Eigenschaftswörter

Das Adjektiv kann sowohl vor als auch nach dem Hauptwort stehen. Wie auch beim Verb ist das Wort für „sein" meistens nicht erforderlich. Da es im Myanmarischen keinen Artikel gibt, gibt es weder Veränderungen noch Endungen.

da kaùn dä.
dies gut Geg.
Das ist gut.

Mandalay jəthà əjàn hnè dä.
Mandalay Zug sehr langsam Geg.
Der Zug nach Mandalay fährt sehr langsam.

maìnmȧ hlȧ	**hlȧ dȁ maìnmȧ**
Frau schön	*schön Attribut Frau*
schöne Frau	die Frau, die schön ist

Hier wird das Funktionswort **dȁ** (nach 4. Ton **tȁ**) als Hilfswort (Attributiv) gebraucht.

Außerdem gibt es eine Art der Steigerung, bei der man einfach das Eigenschaftswort verdoppelt. In dem Fall kommt das Adjektiv nach dem Hauptwort.

kà tjì tjì	**pei'shan mjà mjà**
Auto groß groß	*Geld viel viel*
großes Auto	ganz viel Geld

Steigern & Vergleichen

Die erste Stufe der Steigerung wird mit dem Funktionswort **poo** ausgedrückt.

pu	heiß
poo pu	heißer
è	kühl, kalt
poo è	kühler, kälter

Mandalay gà Bagan htå poowè dä.
Mandalay von Bagan als weiter Geg.
Mandalay ist weiter als Bagan.

Beim Vergleich mit zwei oder mehreren Personen oder Sachen kann man das Wort **htå** („als", oder in dem Fall „darüber hinaus") direkt benützen und zwar mit oder ohne das Steigerungswort **poo.**

nga mìn htå (poo) tjì dä.
ich du darüberhinaus groß Geg.
Ich bin älter / größer als du.

Die zweite Steigerungsstufe (Superlativ) wird ausgedrückt, indem man zuerst **ə** voranstellt und dann mit **zoùn** (nach 4. Ton **shoùn**!) nach dem Adjektiv die Klammer schließt.

da ənåzoùn zè bå.
Dies wenigste Preis Auss.
Das ist der billigste Preis.

(= der Preis kann nicht mehr heruntergehandelt werden.)

əpuzoùn	am heißesten
əèzoùn	am kältesten
əmjàzoùn	am meisten
əkaùnzoùn	am besten
əhlȧ zoùn	am schönsten
əmjanzoùn kà	das schnellste Auto
əmjïnzoùn taun	der höchste Berg
ənȁzoùn zè	der billigste Preis

di bòloùn əðìn gȧ kaùn dä.
dies Fußball Mannschaft von gut Geg.
Diese Fußballmanschaft ist gut.

hoo bòloùn əðìn gȧ pookaùn dä.
jene Fußball Mannschaft von besser Geg.
Jene Fußballmanschaft ist besser.

əpja jaun əðìn gȧ əkaùnzoùn bȁ.
blau Farbe Mannschaft von beste Auss.
Die blaue Mannschaft ist am besten.

Um Gleichheit auszudrücken, muss das Wort **lau'** (wie) nach den zu vergleichenden Hauptwörtern stehen.

nga mìn lau' mə ngä dȯ bù.
ich du wie nicht jung mehr nein.
Ich bin nicht mehr so jung wie du.

di mìnðəmì ngȧ maìnmȧ lau' hlȧ dä.
dies Schauspielerin mein Frau wie schön Geg.
Diese Schauspielerin ist so schön wie meine Frau.

Die wichtigsten Eigenschaftswörter

kaùn – shòò	gut – schlecht
mjà – nằ	viel – wenig
mjan – hnè	schnell – langsam
mjïn – nai'	hoch – niedrig
sche – too	lang – kurz
tjì – ngä	groß – klein
nì – wè	nah – weit
thu – pà	dick – dünn *(Gegenstände)*
wȧ – pain	dick – dünn *(Personen)*
lè – pȯ	schwer – leicht
haùn – ðhi'	alt – neu
oo – ngä	alt – jung
khä' – lwä	schwierig – leicht
pu – è	heiß – kalt
nwè – è	warm – kühl
hman – hmà	richtig – falsch
ma – pjȯ	hart – weich
nä' – tain	tief – seicht
ðán – nji'pa'	sauber – schmutzig
tschau' – soo	trocken – nass
lìn – hmaun	hell – dunkel
hlȧ – jou'shòò	schön – hässlich
zè tjì – zèpò	teuer – billig
shìnjằ – tschànða	arm – reich
tjä – tòò	laut – leise
tjànma – ne məkaùn	gesund – krank
pjo – pjìn	glücklich – langweilig
pwïn – pai'	offen – zu
ðhan – pjȯ	stark – schwach

Farben

jaun bedeutet Farbe.

əphju	weiß
əmȁ	schwarz
əni	rot
əwa	gelb
əsaìn	grün
əpja	blau
ənjoo	braun

Die obigen Farben kann man unter Umständen auch ohne **jaun** ausdrücken. Die unten erwähnten hingegen kann man ohne **jaun** nicht ausdrücken, da sie nach Objekten benannt sind:

pàn jaun	*Blume Farbe*	rosa
schwe jaun	*Gold Farbe*	golden
ngwe jaun	*Silber Farbe*	silbern
khəjàn jaun	*Aubergine Farbe*	violett
mìgòò jaun	*Rauch Farbe*	grau
lainmo jaun	*Orange Farbe*	orange
nəða jaun	*Thanaka Farbe*	beige

(Die Rinde des Thanaka-Baumes, pulverisiert und mit Wasser vermischt, wird als Sonnenschutz und Hautpflege verwendet.)

Funktionswörter

Einer der wichtigsten Bestandteile der myanmarischen Grammatik, der im Deutschen keine Entsprechung hat, sind die Endungspartikeln am Satzende, die so genannten Funktionswörter. Ohne sie hat ein Satz überhaupt keine Bedeutung, mit Ausnahme unhöflicher Aufforderungen.

Die Funktionswörter dienen als Anzeiger für die Art des Satzes, die Zeiten u. a. und sind somit die entscheidenden Bedeutungsträger des Satzes.

Einige Funktionswörter werden anders ausgesprochen, wenn die vorangehende Silbe im 4. Ton ist: **ba** *wird zu* **pa,** **dä** *wird zu* **tä,** *usw. Diese Form ist in Klammern angegeben.*

Die wichtigsten Funktionswörter sind:

Funktionswort	Bedeutung	Abkürzung
Aussagesatz		*(Auss.)*
dä (nach 4. Ton **tä**)	Gegenwart/Vergangenheit	*Geg.*
Hauptwort + **ba** (nach 4. Ton **pa**)		*Geg.*
ne dä	Kontinuitätsgegenwart	*gerade*
khȁdä	Vergangenheit	*Verg.*
mä	Zukunft	*Zuk.*
lȯȯ	Aussage	*Auss.*
pȯ	Aussage	*Auss.*
bi (nach 4. Ton **pi**)	Aussage	*Auss.*
bȁ (nach 4. Ton **pȁ**)	Aussage	*Auss.*
mə lȯȯ	Unmittelbare Zukunft	*werden Auss.*
pìbi	Perfekt	*fertig-sein*

Aufforderung	*(Auff.)*
khå, khåba	*Auff.*
oùn, dò (nach 4. Ton **tò**)	*Auff.*
ba-oùn (nach 4. Ton **pa-oùn**)	*höfl.-Auff.*
Verb **+ ba** (nach 4. Ton **pa**)	*Auff.*
balà (nach 4. Ton **palà**)	*Auff.*

Frage		*(?)*
là	Entscheidungsfrage	*Ent.-?*
lå	Frage mit Fragewort	*?*

Verneinungssatz	*(nicht ... nein)*
mə + Verb oder Adjektiv + **bù** (nach 4. Ton **phù**) Verneinter Aussagesatz	
mə + Verb oder Adjektiv + **bù là** Verneinter Fragesatz	
mə + Verb oder Adjektiv + **nå** Verneinter Aufforderungssatz	

Genehmigungsatz	*(Genehm.)*
ba (nach 4. Ton **pa**)	*Genehm.*
baze (nach 4. Ton **paze**)	*Genehm.*

Höflichkeit	*(höfl.)*
ba (nach 4. Ton **pa**) + **dä / mä / bù**	

Wenn sich mehrere Funktionswörter in einem Satz befinden, trägt das Funktionswort, das am Ende des Satzes steht, die endgültige Bedeutung.

Das Funktionswort **ba** (nach 4. Ton **pa)** hat mehrere Bedeutungen: Direkt nach einem Hauptwort fungiert es als Aussage, nach einem Verb als Aufforderung. Steht es aber nach dem Verb bzw. Adjektiv und vor **dä (tä), mä** oder **bù**, markiert es die Höflichkeit.

Verb + **ba** und der Satz ist zu Ende	= *Aufforderung*
Verb + **ba** + anderes FW wie z. B. **dä**	= *Höflichkeit*
Substantiv + **ba** (nach 4. Ton **pa**)	= *Aussage oder Feststellung*

sà pìbi là?
essen fertig-sein Ent.-?
Haben Sie / habt ihr schon gegessen?

sà pìbi.
essen fertig-sein
Ich habe /wir haben schon gegessen.

sà baze.
essen Genehm.
Lassen Sie / lass ihn / sie ruhig essen.

tjəno ðwà badä.
ich gehen höfl.-Geg.
Ich gehe.

tjəno ðwà pìbi.
ich gehen fertig-sein
Ich bin gegangen.

badä (nach 4. Ton **padä**)	= *höfl. Gegenwart*
bamä (nach 4. Ton **pamä**)	= *höfl. Zukunft*
mə + Verb / Adjektiv + **ba bù** (nach 4. Ton **pa bù**)	= *höfl. Verneinung*

Verhältniswörter

Es gibt im Myanmarischen zum Glück nicht so viele Verhältniswörter wie im Deutschen. Anders als im Deutschen steht das Verhältniswort immer hinter dem Hauptwort.

gȧ (nach 4. Ton **ka**)	von, aus, ab *(auf die Frage „woher?")*
goo (nach 4. Ton **koo**)	zu, nach *(auf die Frage „wohin?")*
hma	in, an, über, unter, auf, unter, neben, usw. *(auf die Frage, wo sich etwas befindet)*
nȁ	mit
ətwä'	für

djaməni gȧ là?
Deutschland von Ent.-?
Kommen Sie / kommst du aus Deutschland?

hou'kȁ, djaməni gȧ ba.
stimmt, Deutschland von Auss.
Ja, ich / wir kommen aus Deutschland.

Shwedagon phəjà phù djin jin Yangon goo ðwà ba.
Shwedagon Pagode besuchen möchten wenn Yangon nach gehen Auff.
Wenn Sie die Shwedagon Pagode besuchen möchten, gehen Sie nach Yangon.

ðu Mandalay hma ne dä.
er/sie Mandalay in wohnen Geg.
Er/sie wohnt in Mandalay.

taun po hma tjaùn schï dä.
Berg oben auf Kloster haben Geg.
Auf dem Berg steht ein Kloster.

Zwischen dem Hauptwort, dessen Lage beschrieben werden soll, und der Präposition **hma** (= an) stehen Wörter wie „nah, oben, unten, außen, innen, vorne, hinten, neben“ usw. für die Frage, wo sich etwas befindet. Somit bilden sich die Wörter wie folgt:

... ənà hma	in der Nähe von ...
... əpo hma	auf den/die/das ... auf dem/der/dem ...
... au' hma	unter den/die/das ... unter dem/der/dem ...
... əpjin hma	aus dem/der ...
... əthȁ hma	in /an den/die/das ... in/an dem/der/dem ...
... əschė hma	vor den/die/das ... vor dem/der/dem ...
... ənau' hma	hinter den/die/das ... hinter dem/der/dem ...
... bè hma	neben den/die/das ... neben dem/der/dem ... usw.
(Achtung! **əbè hma** *gibt es nicht!)*	

ə bedeutet hier so viel wie „da, in, da vorne, daneben, da hinten“ usw.

Anstelle des **„ə”** kann ein beliebiges Hauptwort eingesetzt werden. Ein Beispiel:

ain		Haus
ain nà hma	*Haus in-der-Nähe an*	in der Nähe des Hauses
ain po hma	*Haus oben an*	im oberen Geschoss d. Hauses
ain au' hma	*Haus unten an*	unterhalb des Hauses
ain pjin hma	*Haus aus an*	außerhalb des Hauses
ain thå hma	*Haus in an*	im Hause
ain hma	*Haus an*	zu Hause
ain schė hma	*Haus vor an*	vor dem Haus
ain nau' hma	*Haus hinter an*	hinter dem Haus
ain bè hma	*Haus neben an*	neben dem Haus

nå – mit

Mandalay goo jəthà nå ðwà mä.
Mandalay nach Zug mit gehen Zuk.
Ich / wir fahren nach Mandalay mit dem Zug.

kophi nå ləphä'je ju khåba.
Kaffee mit Tee bringen Auff.
Bringen Sie Kaffee und Tee, bitte.

ətwä' – für

khinbjà ətwä'	*Sie für*	für Sie
ðù ətwä'	*sie/er für*	für sie/ihn
khəjìzin ətwä'	*Reise für*	für die Reise

Umstandswörter (Adverbien)

Umstandswörter zeigen, wie eine Handlung abläuft: zeitlich, die Art und Weise, Zustand, Eigenschaft usw. Es gibt zwei Arten von Umstandswörtern: zuerst die ursprünglichen Umstandswörter, die zahlenmäßig nicht sehr viele sind. Diese sind zum Beispiel:

əkhù	jetzt
tschä' tschìn	sofort
kha'	ziemlich
ðhai'	sehr
təmin	absichtlich
əjàn	sehr, ganz
toto	erheblich
ətìn	gewaltig

Die anderen Umstandswörter sind meistens aus Eigenschaftswörtern abgeleitet. Es gibt grundsätzlich zwei Möglichkeiten:

1.) Man verdoppelt das Adjektiv, um das Umstandswort zu bilden.

mjan	schnell *(Adj.)*
mjan mjan	schnell *(Adv.)*

mjan mjan ðwà.
schnell schnell gehen
Gehen Sie / geh schnell.

kaùn kaùn ne.
gut gut leben
Leben Sie / lebe gut.
(auch:) Benimm dich!

2.) Die zweite Möglichkeit ist, dem Adjektiv den Vokal **ə-** voranzustellen.

hnè	langsam *(Adj.)*
əhnè	langsam *(Adv.)*

ətjì ətjä
groß breit
Großartig!

əhnè nȧ əmjan
langsam mit schnell
früher oder später

Zeitadverbien

əmjȁ	immer
khənȧ-khənȧ	oft
nìbà	fast
təkha-təle	manchmal
bä dȯhmȧ	niemals

Wortstellung im Satz

Im Unterschied zum Deutschen nimmt die Wortstellung die Form **Subjekt + Objekt + Prädikat** an.

Maung-Maung Mȧ-Phju goo tschi' tä(dä).
Maung-Maung Mȧ-Phju zu lieben Geg.
Maung-Maung liebt Mȧ-Phju.

tjəno phəjà goo ðwà dä.
ich(m) Pagode nach gehen Geg.
Ich gehe zur Pagode.

Bei mehreren Objekten bleiben die Objekte in der Mitte zusammen. Wie im Deutschen erscheint das Dativ-Objekt zuerst und unmittelbar danach das Akkusativ-Objekt.

tjəmȧ ðù goo pei'shan pè pìbi.
ich(w) er/sie zu Geld geben fertig-sein
Ich habe ihm / ihr schon das Geld gegeben (bezahlt).

Hauptsache ist, dass das Prädikat, ob Verb oder Adjektiv, immer am Satzende steht. Die abgeleiteten Adverbien stehen vor dem Verb. Die eigentlichen und allgemeinen Zeitumstandswörter wie Tages- und Jahreszeiten finden ihren Platz sowohl am Anfang des Satzes als auch in der Satzmitte.

mənė gȧ tjənodȯȯ mai'shwe təjau' nȁ mjanma shein kaùnkaùn goo ðwà (djȧ) dä.
gestern an wir(m) Freund ein mit Myanmar Restaurant gut zu gehen(Mz) Geg.
Gestern sind wir mit einem Freund in ein gutes birmanisches Restaurant gegangen.

ngadȯȯ dinė mjȯȯ htȁ goo ðwà mä.
wir heute Stadt innen zu gehen Zuk.
Heute gehen wir ins Stadtzentrum.

jòȯja kȧbwȁ təkhalau' tjï djin dä.
Tradition Tanz einmal anschauen möchten Geg.
Ich möchte / Wir möchten einmal eine traditionelle Tanzvorführung anschauen.

Bindewörter

Für die Zusammensetzung zweier oder mehrerer Sätze werden im Myanmarischen, wie im Deutschen, Bindewörter gebraucht. Der Unterschied liegt nur darin, dass der Nebensatz im Myanmarischen meistens vor dem Hauptsatz steht.

jin – wenn, falls

bei' sha jin thəmìnshein ðwà mä.
Magen Hunger wenn Reisladen gehen Zuk.
Wenn Sie Hunger haben, gehen wir ins Restaurant.

Mandalay jau' jin nàndo goo wintjï ba.
Mandalay ankommen wenn Palast zu reinschauen Auff.
Wenn Sie einmal nach Mandalay kommen, schauen Sie doch mal im Palast vorbei.

bemả – obwohl, obgleich

mòòjwa bemả dòò khəjì shä' mä.
regnen obwohl wir Reise fortsetzen Zuk.
Obwohl es regnet, setzen wir die Reise fort.

di hotä gả ðè bemả kaùn dä.
Dies Hotel von klein obwohl gut Geg.
Obwohl das Hotel klein ist, ist es gut.

ðu shìnjå bemå sai'tschànða dä.
er/sie arm obwohl Geist-reich Geg.
Obwohl er /sie arm ist, ist er/sie glücklich.

lȯȯ – weil

tjəno ne mə kaùn lȯȯ əpjin mə ðwà dȯ bù.
ich(m) leben nicht gut weil außen nicht gehen werden nein.
Weil ich mich nicht wohl fühle, gehe ich nicht mehr aus.

mìn mə la lȯȯ ngadȯȯ sai' mə kaùn bù.
du nicht kommen weil wir Geist nicht gut nein.
Weil du nicht gekommen bist, sind wir traurig.

jaði-ù-dù kaùn lȯȯ dȯȯ pjo dä.
Wetter gut weil wir fröhlich Geg.
Weil das Wetter gut ist, sind wir fröhlich.

da – dies, was oder dass

mìn ðwà da nga mjin dä.
du gehen dies ich sehen Geg.
Ich sehe, dass du gehst. / Ich habe gesehen, dass du gegangen bist.

ðu pjò da dȯȯ mə joun bù.
er /sie sagen dies wir nicht glauben nein.
Wir glauben nicht, was er/sie sagt.

phəjà bähma lå, khinbjà / schin ðï là?
Pagode wo ? Sie wissen Ent.-?
Wissen Sie, wo die Pagode ist?

Verneinung

Für die Verneinung braucht man zwei Wörter. Das erste Wort **mə** steht vor dem zu verneinenden Verb bzw. Eigenschaftswort und **bù (phù** nach 4. Ton) unmittelbar danach, wie eine Klammer (wie im Französischen).

mə lou' phù.
nicht machen nein
Das mache ich nicht.
= Das (was Sie verlangen) werde ich nicht tun.

mə kaùn bù.
nicht gut nein
Es ist nicht gut.

Bei Verben, die aus Hauptwörtern zusammengesetzt sind, wie „fotografieren" oder „telefonieren", wird zur Verneinung das Wort **mə** im Verb an die Stelle nach dem Hauptwort gesetzt:

da'poun jei'
Foto schlagen
fotografieren

da'poun mə jei' phù
Foto nicht schlagen nein
Nicht fotografieren!

phoùn shä'
Telefon verbinden
telefonieren

phoùn mə shä' phù
Telefon nicht verbinden nein
Ich telefoniere nicht. /
Wir telefonieren nicht.

dihma da'poun mə jei' jȧ bù là?
hier Foto nicht schlagen erlauben nein Ent.-?
Darf man hier nicht fotografieren?

täliphoùn mə shä' tschin bù.
Telefon nicht verbinden möchten nein
Ich will / wir wollen nicht telefonieren.

Bei verneinter Aufforderung wird anstatt **bù** am Satzende **nȁ** zugefügt.

mə lou' nȁ
nicht machen vern.-Auff.
Tu es nicht.

mə pjò nȁ
nicht sagen vern.-Auff.
Sag es nicht.

Für eine höfliche verneinte Aufforderung setzt man einfach das Funktionswort **ba (pa** nach 4. Ton) vor das bereitstehende Funktionswort **nȁ**:

mə lou' panȁ
nicht machen höfl.-vern.-Auff.
Tun Sie es bitte nicht.

Niemand, nichts, überhaupt nichts

Man stellt das Wort **hmȧ** (von) hinter das Fragewort und vor das verneinte Prädikat.

tjənȯ hma ba hmȧ mə schï bù.
ich(m) an was von nicht haben nein
Ich habe nichts.

ain hma bäðu hmȧ mə schï bù.
Haus an wer von nicht haben nein.
Niemand ist zu Hause.

bälau' hmȧ mə tjȧ babù.
wieviel von nicht kosten höfl.-nein
Es kostet überhaupt nicht viel.

Fragesätze

Um aus einem Aussagesatz in der Gegenwart eine Frage zu machen, ersetzt man das Funktionswort **dä** durch **là**:

ðu ðwà dä.	**ðu ðwà là?**
er/sie gehen Geg.	*er/sie gehen Ent.-?*
Er/sie geht.	Geht er/sie?
(Er/sie ist gegangen.)	(Ist er/sie gegangen?)

Für Sätze in der Zukunft ist diese Ersetzung nicht erforderlich. Man fügt am Ende des Aussagesatzes einfach nur das Entscheidungsfragen-Funktionswort **là** hinzu.

jəthà thwä' tȯ mä.
Zug abfahren werden Zuk.
Der Zug fährt gleich ab. (los)

mä *wird zu* **mə,** *wenn ein weiteres Funktionswort folgt.*

jəthà thwä' tȯ mə là?
Zug abfahren werden Zuk. Ent.-?
Fährt der Zug gleich ab?

Verneinter Entscheidungsfragesatz

Das geht auch mit verneinten Fragesätzen. Man fügt einfach das Frage-Funktionswort **là** an:

bija mə schï bù là?
Bier nicht haben nein Ent.-?
Haben Sie kein Bier? Gibt es kein Bier?

Alternativfrage

Für die Alternativfrage muss das Funktionswort **là** hinter beide Hauptwörter gestellt werden.

da ləphä'je là kophi là?
dies Tee Ent.-? Kaffee Ent.-?
Ist das Tee oder Kaffee?

da khinbjà ətwä' là tjənò ətwä' là?
dies Sie für Ent.-? ich für Ent.-?
Ist das für Sie oder für mich?

da phəjà là phoùndjìtjaùn là?
dies Pagode Ent.-? Kloster Ent.-?
Ist das eine Pagode oder ein Kloster?

Fragesätze

Fragewörter

ba		Was?
ba-lȯȯ	*(was+wegen)*	Warum?
ba-tjȧun	*(was+Grund)*	Warum?
bä		Welch ein/e, welcher, -e, -s ?
bä-hma	*(welch+in)*	Wo?
bä-gȧ	*(welch+von)*	Woher?
bä-goo	*(welch+nach)*	Wohin?
bä-doùngȧ	*(welch+Vergangenheit)*	Wann (in der Vergangenheit)?
bä-dȯ	*(welch+Zukunft)*	Wann (in der Zukunft)?
bä-lau'	*(welch+Schätzung)*	Wie viel?
bä-ðu	*(welch+er/sie)*	Wer?
bä-ðù	*(welch+sein/ihr)*	Wessen?

da ba lȁ?
dies was ?
Was ist das?

khinbjȧ bäðu lȁ?
Sie wer ?
Wer sind Sie?

da bälau' lȁ?
dies wieviel ?
Wie viel ist das? / Wie viel kostet das?

bälau' tja mə lȁ?
wieviel dauern werden ?
Wie lange wird es dauern?

Alle Fragewörter sind mit dem Funktionswort **lȁ** am Ende des Satzes zusammen zu benützen. Unmittelbar nach dem Fragewort folgen Hauptwörter bzw Verb oder Adjektiv. Wie im Deutschen kann man kurze Fragen auch ohne einen kompletten Satz stellen:

ba lầ	Was?
balȯo lầ	Warum?
batjȧun lầ	Warum?
bähma lầ	Wo?
bägȧ lầ	Woher?
bägoo lầ	Wohin?
bädoùngȧ lầ	Wann?
bädȯ lầ	Wann?
bälau' lầ	Wie viel?
bäloo lầ	Wie?
bäðu lầ	Wer?

Aber: Man braucht natürlich das entsprechende Substantiv für die Frage „wessen":

bäðù kà lầ?
wessen Auto ?
Wessen Auto ist das?

Ja und Nein

Ein einziges universales Wort für „ja" gibt es im Myanmarischen nicht. In der Umgangssprache gibt es bei informellen Angelegenheiten, unter gleichaltrigen Freunden und bei viel jüngeren Gesprächspartnern für „ja" die Wörter **ìn** und **è,** für „nein" das Wort **hïn-ìn.**

Bei formellen Angelegenheiten wird das Verb **hou'** (stimmen) für die Bejahung verwendet.

Ja und Nein

hou'kȁ.
stimmt
Es stimmt. = ja

hou' tä.
stimmt Geg.
Es stimmt. = ja, (jawohl)

hou' padä.
stimmt höfl.-Geg.
Es stimmt. = ja

Es wird somit immer im vollständigen Satz bejaht. Genauso das „Nein".

Das Verb **hou'** wird so verneint wie die anderen Verben auch.

mə hou' phù.
nicht stimmt nein.
Es stimmt nicht. = nein

Um der Bejahung und Verneinung mehr Nachdruck zu verleihen, kann man auch ausführlich anworten:

da khinbjà ain là?
dies Sie Haus Ent.-?
Ist das Ihr Haus?

hou'kȁ da tjənȯ ain ba.
stimmt dies mein Haus Auss.
Ja, das ist mein Haus.

da tjənȯ ain mə hou' phù.
dies mein Haus nicht stimmt nein.
Nein, das ist nicht mein Haus.

doppelte Verneinung

Aufgrund der verschiedenen Denkweisen ist es sehr wichtig, unbedingt auf Folgendes zu achten: Wenn ein Myanmare eine negative Frage mit „Ja, es stimmt" formell beanwortet, bedeutet „Ja, es stimmt" in diesem Fall „Nein"!

nga əjä' mə ðau' phù.
ich Alkohol nicht trinken nein.
Ich trinke keinen Alkohol.

Aber: **nga əjä' mə ðau' tȯ bù.**
ich Alkohol nicht trinken mehr nein
Ich trinke keinen Alkohol mehr.

shèlai' mə ðau' phù là?
Zigarette nicht rauchen nein Ent.-?
Rauchen Sie/rauchst du nicht?

hou'kå mə ðau' phù.
stimmt nicht rauchen nein (= ja, ich rauche nicht)
Nein, ich rauche nicht.

thəmìn mə sha ðè bù là?
Reis nicht hungrig noch nein Ent.-?
Haben Sie / hast du keinen Hunger?

hou'kå mə sha ðè bù.
stimmt nicht hungrig noch nein (= ja, ich habe noch keinen Hunger)
Nein, ich habe noch keinen Hunger.

Zahlen und Zählen

Das Zahlensystem in Myanmar ist ziemlich einfach. Es wird sehr logisch gezählt. Das heißt, alle Zahlen spricht man in der Reihenfolge der Ziffern. Bei Zahlen über 10 kommen zuerst die Zehner, dann die Einer. Bei Zahlen über hundert spricht man die Hunderter zuerst, die Zehner danach, die Einer zuletzt. Außerdem gibt es einen Namen (Zähleinheit) für jede zusätzliche Null.

Beim Zählen:	**ðoun njȧ**	0	၀
tə *(+ Kategoriewort)*	**ti'**	1	၁
hnə *(+ Kategoriewort)*	**hni'**	2	၂
	ðoùn	3	၃
	lè	4	၄
	ngà	5	၅
	tschau'	6	၆
khunnə *(+ Kategoriewort)*	**khunni'**	7	၇
	schi'	8	၈
	kòò	9	၉
	təshä	10	*(eins + zehn)*
	shå ti'	11	*(zehn + eins)*
	shå hni'	12	*(zehn + zwei)*
	shå ðoùn	13	*(zehn + drei)*
	shå lè	14	*(zehn + vier)*
	shå ngà	15	*(zehn + fünf)*
	shå tschau'	16	*(zehn + sechs)*
	shå khun	17	*(zehn + sieben)*
	shå schi'	18	*(zehn + acht)*
	shå kòò	19	*(zehn + neun)*

hnə shä	20	*(zwei + zehn)*
hnə shả ti'	21	*(zwei + zehn + eins)*
hnə shả hni'	22	*(zwei + zehn + zwei)*
hnə shả schi'	28	*(zwei+ zehn + acht)*
ðoùn shä	30	*(drei + zehn)*
ngà shä	50	*(fünf + zehn)*
khunnə shä	70	*(sieben + zehn)*
kòò shä	90	*(neun + zehn)*
təja	100	*(eins + hundert)*
təjȧ ti'	101	*(eins + hundert + eins)*
təja hnə shả ngà	125	*(eins + hundert + zwei + zehn + fünf)*
hnəja	200	*(zwei + hundert)*
tə thaun	1 000	*(eins + tausend)*
tə ðaùn	10 000	*(eins + zehntausend)*
tə ðaìn	100 000	*(eins + hunterttausend)*
tə ðàn	1 000 000	*(eins + Million)*
tə gəde	10 000 000	*(eins + zehn Millionen)*

Ab **gəde** (10 Millionen) aufwärts, obwohl Namen für weitere zusätzliche Nullen vorhanden sind, ist es nicht mehr üblich, sie zu benutzen. Statt dessen sagt man einfach:

shä gəde	100 000 000	hundert Millionen
təja gəde (gəde təja)	1 000 000 000	1 Milliarde *usw.*

ngà ðàn ngà ðaìn ngà ðaùn ngà thaun ngà ja ngà shả ngà = 5555555

Für das Kalenderjahr fügt man nach der Jahreszahl einfach das Wort **khùhni'** an.

tjəno təthȧun kȍȍja khunnə shȁ schi' khȕhni' hma mwè badä.
ich(m) 1978 Kalenderjahr an gebären höfl.-Geg.
Ich bin im Jahre 1978 geboren.

di hni' hnə thȧun lè khȕhni'.
dies Jahr zwei tausend vier Kalenderjahr
Dieses Jahr ist 2004.

Ordnungszahlen

Nur die Ordnungszahlen von Eins bis Zehn werden häufig benutzt. Sie stammen aus der altindischen Sprache **Pali.**

pəthəmȧ	Erster
dȕtïjȧ	Zweiter
tətïjȧ	Dritter
sətou'thȧ	Vierter
pjinsəmȧ	Fünfter
sha'thəmȧ	Sechster
ða'təmȧ	Siebter
a'thəmȧ	Achter
nəwəmȧ	Neunter
da'ðəmȧ	Zehnter

Bruchzahlen

Die Bruchzahlen werden mit Hilfe der Wörter **peȉn** und **poun,** die beide jeweils „Teil" bedeuten, gebildet. Dabei wird im Myanmarischen der Nenner zuerst genannt.

hnə pein də (tə) pein
Zwei Teil ein Teil
die Hälfte

ðoùn poun hnə poun
drei Teil zwei Teil
Zwei Drittel

lè poun ðoùn poun
Vier Teil drei Teil
Drei Viertel

Das Wort **poun** benutzt man mehr im alltäglichen Leben, wobei **pein** eher in der Mathematik verwendet wird.

tə wä'
ein Hälfte
die Hälfte

də (tə) zai'
ein Viertel
ein Viertel

Für Zeitangaben benutzt man das Wort **khwȁ:**

tə lȧ khwȁ
ein Monat halb
1½ Monate

Kategoriewörter

Was es im Deutschen nicht gibt, und sehr wichtig für das Erlernen des Myanmarischen ist, sind die sogenannten Kategoriewörter. Man braucht sie zum Zählen verschiedener Personen, Tiere, Objekte und anderer Hauptwörter. Ohne sie ist es nicht möglich, die Anzahl vorhandener Dinge zu nennen. Sie zeigen grundsätzlich den Charakter, die Art, die Rangstufe usw. des zu Zählenden.

lu tə jau’
Mensch eins KW
ein Mensch

Es gibt sehr viele Kategoriewörter. Hier sind nur die wichtigsten genannt:

	Kategoriewörter	
	jau’	für Menschen im Allgemeinen
	khù	für Gegenstände im Allgemeinen *(die kein eigenes Kategoriewort haben)*
auch **bà**	**pà**	für ranghohe Personen, wie Mönche, Könige, Prinzen & Prinzessinnen usw. Aber kein Politiker!
auch **gaun**	**kaun**	für Tiere
	sì	für Fahrzeuge, Züge, Flugzeuge, Rikschas, Fahrräder, Pferde- und Ochsenwagen usw.
	thä	für Kleidungsstücke; Kleider, Hosen, Hemden, Wickelröcke, alles was man sich anzieht.
	shu	für Pagoden, Tempel, heilige Monumente
	loùn	für kugelförmige, runde Gegenstände wie Früchte, Gemüse usw.
auch **zaun**	**saun**	Zeitung, Tickets, usw.
	tschaùn	längliche Gegenstände, Schirm, Kugelschreiber, Füller usw.
	jan	Gegenstände in Paaren, wie Schuhe, Sandalen, Ohrringe usw.
auch **bin**	**pin**	Senkrecht stehende Gegenstände, wie Haare, Bäume usw.
	jwä’	Papier, Blatt
auch **bwä̀**	**pwä̀**	Essen, Portion, Teller

tòòris hnə jau'
Tourist zwei KW
zwei Touristen

phəjà tə shu
Pagode eins KW
eine Pagode

lä'hma' ðoùn zaun
Ticket drei KW
Drei Tickets

Bei Gebäuden und geografischen Bezeichnungen kann man die letzte Silbe als Kategoriewort benutzen:

ain tə ain
Haus ein Haus
ein Haus

tjaùn hnə tjaùn
Schule zwei Schule
Zwei Schulen

joùn tə joùn
Büro eins Büro
ein Büro

jwa tə jwa
Dorf ein Dorf
ein Dorf

mjòò hnə mjòò
Stadt zwei Stadt
zwei Städte

mji' lè mji'
Fluss vier Fluss
vier Flüsse

Wichtig dabei ist, dass man Kategoriewörter verschiedener Ebenen, z. B. für Mönche und Menschen, wie auch für Tiere und Menschen, nicht verwechselt!

Maß- und Mengenangaben

Statt der traditionellen myanmarischen Maßeinheiten ist in der Gegenwart, zumindest in Großstädten, das englische System in Gebrauch.

lä' mà	Zoll	= 2. 54cm
pe	Fuß	=12 Zoll
gai'	Elle	= 0. 914 m
mei	Meile	=1. 6 km

Maß- und Mengenangaben

Yangon gȧ Mandalay goo mei lèjaschi'shä wè dä.
Yangon von Mandalay nach Meile 480 weit Geg.
Von Yangon nach Mandalay sind es 480 Meilen.

Für Gewichte benutzen die Myanmaren nach wie vor ihre eigenen Einheiten (Ausnahme: in Großstädten wird Kaffee in „pound", engl. Pfund, gerechnet).

pai'ða	= 1,6 kg

Ein **pai'ða** enthält 100 **tja'ðà**, oder kurz **ðà**, die kleinere Einheit.

ngà shä tja' ðà	=50 **ðà**
bzw. **ngà shä ðà**	*(entspricht etwa 800 g)*

ə sai' ðà	= ¼ **pai'ða**
	= 400 g
tə shä ðà	= 160g

ðədjà ngàshä ðà pè ba.
Zucker 50 ðà geben Auff.
Geben Sie mir 50 ðà Zucker.

Dazu zählen auch flüssige Lebensmittel:

hnànzi tə shä ðà.
Sesamöl ein zehn ðà
Zehn ðà Sesamöl bitte.

nảnả	*wenig-wenig*	ein bisschen
mjàmjà	*viel-viel*	große Menge

Die Maße für Grundstücke geben die Myanmaren genauer an.

khinbjà tschan bälau' tjä lä?
Sie(Ihr) Grundstück wieviel breit ?
Wie groß ist Ihr Grundstück?

pe tschau'shä schi'shä.
Fuß 60 80
60 Fuß breit und 80 Fuß lang.

Größere Landflächen werden mit **ekȧ** (aus dem englischen „acre") angegeben: 1 acre = 4050m² = 0,4 Hektar.

Achtung! Bei gemischten Bruchzahlen kommt zuerst die Vollzahl, dann die Zähleinheit und erst ganz zuletzt die Hälfte!

lä hnə ekȧ khwả
Ackerland zwei acre halb
2 ½ acre (1 ha) Ackerland

Zeit und Datum

Es gibt zwei Varianten, nach der Uhrzeit zu fragen.

bä hnə naji thòò bi lȁ?
Wie viel Uhr schlagen fertig-sein ?
Wie viel Uhr ist es jetzt?

Das Verb **thòò** (schlagen) kann allerdings nur für volle Stunden angewendet werden.

bä ətschain schï bi lȁ?
Welche Uhrzeit haben fertig-sein ?
Welche Uhrzeit ist es jetzt?

Anders als im Deutschen wird die Frage mit der Stunde zuerst beantwortet, danach kommen die Minuten („neun Uhr zwanzig" statt „zwanzig nach neun").

kòò naji schï bi.
neun Stunde haben fertig-sein
Es ist neun Uhr.

Die halbe Stunde wird mit dem Wort **khwȁ** angegeben.

khunnə naji khwȁ schï bi.
sieben Stunde halbe haben fertig-sein
Es ist halb acht.

Für Minutenangaben bis Zehn muss das Wort **mïni'** am Ende der Zahl genannt werden.

lè naji shä mïni' schï bi.
vier Stunde 10 Minute haben fertig-sein
Es ist zehn Minuten nach vier.

Ab 11 Minuten kann umgangssprachlich das Wort **mïni'** weggelassen werden.

ngà naji shå̈ti' schï bi.
fünf Stunde elf haben fertig-sein
Es ist elf nach fünf.

Für eine kurze Antwort können sogar, wie im Deutschen, die Wörter **schï bi** weggelassen werden.

tschau' naji hnə shä
sechs Stunde Zwanzig
sechs Uhr zwanzig

tə naji lèshå̈ ngà
eins Stunde Vierzig fünf
ein Uhr fünfundvierzig

Dieses Dreiviertel kann man auch anders ausdrücken:

hnə naji ma' tìn
zwei Stunde viertel wenig
dreiviertel Zwei

naji	Uhr, Stunde
mïni'	Minute
sä' kȧn	Sekunde
ma'tìn	viertel vor ...
khwȁ	halb (= *„halb nach ...“*)
thòò	volle Stunde schlagen

Außerdem ist Obacht zu geben, dass die Myanmaren wie die Engländer für die Uhrzeit das 12-Stunden-System benutzen. Manche Tageszeiten sind auch anders eingeteilt als im Deutschen.

mənä' tə naji	**hnə naji**
Morgen eins Stunde	*zwei Stunde*
ein Uhr (morgens)	zwei Uhr

mənä'shä'tə naji	11 Uhr
nėlä shä' hnə naji	Mittag
munhlwȁ tə naji	ein Uhr nachmittags
mùnhlwȁ hnə naji	zwei Uhr nachmittags
njȧne ðoùn naji	drei Uhr abends
njȧne ngà naji	fünf Uhr abends
njȧne tschau' naji	sechs Uhr abends

Mit der Abenddämmerung fängt die Nacht an. In Myanmar tritt die Dunkelheit im ganzen Jahr ungefähr zwischen 18 und 19 Uhr ein.

Nacht sieben Stunde	**njȧ khunnə (ni') naji**	19 Uhr
Nacht acht Stunde	**njȧ schi' naji**	20 Uhr
Nacht elf Stunde	**njȧ shä' tə naji**	23 Uhr

ðàngaun	Mitternacht
mənä'	Morgen
nėlä	Mittag
mùntä̀	Mittag
mùnlwä̀	Nachmittag
njȧne	Abend
njȧ	Nacht

Für das deutsche Wort „um" wird die Präposition **hma** (an) verwendet, die der Uhrzeit nachgestellt wird.

mənä' khunnə(ni') naji hma
Morgen sieben Stunde an
um sieben Uhr morgens

njȧ schi' naji hma
Nacht acht Stunde an
um acht Uhr abends

Mandalay jəthà mənä' tschau' naji hma thwä' mä.
Mandalay Zug morgen sechs Stunde um fahren Zuk.
Der Zug nach Mandalay fährt morgen um 6 Uhr ab.

Entscheidend für **njȧ** *ist die Finsternis, die erste Phase der Nacht, praktisch von 19 Uhr bis 3 Uhr. Ab vier Uhr morgens benutzt man wieder das Wort* **mənä'.**

Wochentage

Die myanmarische Woche fängt am Sonntag an.

təǹingənwe	Sonntag
təǹinla	Montag
inga	Dienstag
bou'dəhù	Mittwoch
tjaðapədè	Donnerstag
ðau'tja	Freitag
səne	Samstag

Alle Wochentage sind offiziell zusammen mit dem Wort **nė** (Tag) anzugeben. In der Umgangsprache hört man sie aber auch oft ohne **nė.**

dinė ba nė lȁ?
heute was Tag ?
Welcher Tag ist heute?

dinė təǹingənwe.
heute Sonntag
Heute ist Sonntag.

mənė gȧ səne.
gestern von Samstag
Gestern war Samstag.

mənä'pjan təǹinla.
morgen Montag
Morgen ist Montag.

dinė bä nəjä' nė lȁ?
heute wie vielter Tag ?
Der Wievielte ist heute?

dinė hnə thȧun lè khủni' djulei lȧ khunnə jä' pa.
heute zwei tausend vier Jahr Juli Monat sieben Tag Auss.
Heute ist der siebte Juli 2004.

Wichtige Zeitangaben

nė	Tag (Gegenteil von Nacht)
jä’	Tag (24 Stunden)
nėzwȁ	Datum
à-la’-jä’	Feiertag
əpa’	Woche
lȧ	Monat
hni’	Jahr
di-nė	heute *(dieser Tag)*
di əpa’	diese Woche
di lȧ	dieser Monat
di hni’	dieses Jahr
mənė gȧ	gestern
əjin əpa’ kȧ	vorige Woche
əjin lȧ gȧ(kȧ)	voriger Monat
əjin hni’kȧ	voriges Jahr
mənä’phjan	morgen
nau’ əpa’	nächste Woche
nau’ lȧ	nächster Monat
nau’ hni’	nächstes Jahr
nėdeìn	jeden Tag
njȧdeìn	jede Nacht
əpa’ teìn (deìn)	jede Woche
lȧdeìn	jeden Monat
hni’ teìn (deìn)	jedes Jahr
əkhu̇	jetzt
təkhatəle	manchmal
əmjȁ (dàn)	immer
əmjà-à-phjı̈n	meistens
khənȧ-khənȧ	oft
bädȯhmȧ	niemals

nė deìn ðu la dä.
Tag jeder er / sie kommen Geg.
Er / sie kommt jeden Tag.

tə njȧ loùn tjəno ai' lȯȯ mə jȧ bù
ein Nacht ganz ich(m) schlafen zu nicht können nein
Die ganze Nacht konnte ich nicht schlafen.

əjin hni' kȧ tjəmȧ təjou'pji ðwȧ khådä.
voriges Jahr von ich(w) China gehen Verg.
Voriges Jahr bin ich nach China gereist.

nau' hni' nga di goo pjanla oùn mä.
nächstes Jahr ich hier nach wiederkommen noch Zuk.
Nächstes Jahr werde ich wieder hierher kommen.

nau' lȧ hma ðingjanpwȁ schï dä.
nächsten Monat in Wasserfest haben Auss.
Im nächsten Monat ist das Wasserfest.

Monate

Der traditionelle Kalender, der sich nach dem Mond richtet, ist in Myanmar durchaus noch heute in Gebrauch. Touristen müssen ihn aber nicht beherrschen. Man findet überall Kalender mit beiden Angaben, meistens mit größeren Ziffern für den westlichen Kalender.
Wegen der kulturellen Bedeutung des buddhistischen Kalenders hier eine Liste der myanmarischen

Monatsnamen. Zusätzlich angegeben sind die westlichen Monatsnamen (in Englisch mit myanmarischer Aussprache).

dəgù	**Tagu** (Mitte April bis Mitte Mai)
kəshoun	**Kason** (Mai)
nəjoun	**Nayon** (Juni)
wazoo	**Waso** (Juli)
wagaun	**Wagaung** (August)
toðəlìn	**Tawthalin** (August, September)
ðədìn tju'	**Thadingyut** (September, Oktober)
dəzaunmoùn	**Tazaung mon** (November)
nədo	**Nattaw** (Dezember)
pjaðoo	**Pyatho** (Januar)
dəbȯȯdwȁ	**Tabodwe** (Februar)
dəboùn	**Tabaung** (März)

zannəwaji	Januar
phephəwaji	Februar
ma'(lȧ)	März(Monat)
epji	April
me	Mai
zun	Juni
zulei	Juli
ò gou'	August
sä'tinba	September
au'tooba	Oktober
noowinba	November
dizinba	Dezember

Datum

Das Datum wird mit den normalen Zahlen angegeben, indem man die größeren Begriffe zuerst nennt und danach zu den kleineren übergeht.

dinė hnə tháun lè khú epji lá tə jä' pa.
heute zwei tausend drei Jahr April Monat eins Tag Auss.
Heute ist der 1. April 2004.

Jahreszeiten

Es gibt nur drei Jahreszeiten in Myanmar. Da das Land relativ groß ist, sind die Wetterbedingungen von Region zu Region sehr unterschiedlich. Im Norden des Landes liegen sehr hohe Berge (bis 6000 m) mit Gletschern, und in der Mitte des Landes gibt es wüstenartige Regionen. Dennoch können die Jahreszeiten in den meisten zugänglichen Gebieten als „tropisch mit Monsuneinfluss" bezeichnet werden und teilen sich somit in drei Hauptsaisons.

mòòjaði	Regenzeit (Ende Mai bis Ende Oktober)
shaùnjaði	kühle Zeit (Winter, Anfang November bis Ende Februar)
nwejaði	heiße Zeit (Sommer, von März bis Mai)

dinė ma' lá hnəshä'khunnə jä' pa.
Heute März Monat 27 Tag Auss.
Heute ist der 27. März.

1948 (təthàun kòòja lèzä'(sä') schi' khù zannəwaji lá lè jä' nè hma mjanma neinngan lu'la'jè já badä
1948 Jahr im Januar Monat vier Tag am Myanmar Nation Unabhängigkeit bekommen Geg.
Am vierten Januar 1948 wurde Myanmar unabhängig.

Kurz-Knigge

Die Grundverhaltensregeln, die man in Myanmar zu berücksichtigen hat, beruhen weit gehend auf universalen Werten und Tugenden. Gegenseitiger Respekt, Freundlichkeit, Besonnenheit und Toleranz werden sehr hoch geschätzt und auch praktiziert.

Dennoch ist es unverkennbar, dass sich die Myanmaren von den Europäern in Bezug auf Religion, Kultur, Klima, Ernährung usw. deutlich unterscheiden. Es würde einem christlichen Europäer große Schwierigkeiten bereiten, einem Myanmaren seine Weltanschauung zu erklären. Andersherum kann der Versuch, einem normalen westlichen Touristen die buddhistischen Begriffe wie **Nirvana** oder **kharma** zu erläutern, ebenso aussichtslos sein. Beide Seiten wären überfordert, mit der jeweiligen Terminologie klar zu kommen.

Keine normale Frau in Myanmar trinkt Alkohol und sitzt mit fremden Männern im Café zusammen, was in Europa selbstverständlich ist.

Anders ist auch, dass die Heirat meistens von der Frau gefordert wird; dass die Straßenspucker (meistens Männer) Schniefen am Esstisch unangenehm finden; dass man beim Besuch in einer Pagode Schuhe und Socken ausziehen muss, aber den Hut aufbehalten darf, und noch vieles mehr.

Damit man in solch ungewohnten Umständen nicht ins Fettnäpfchen tritt, sollte man sich mit den Sitten und Bräuchen der Myanmaren vertraut machen. Sicher verzeiht man einem Fremden manchen Fehler und lacht darüber. Dennoch kommt man mit ein wenig Wissen über Myanmar und seine Menschen leichter durch das Land.

Da die Myanmaren sehr gläubige Buddhisten sind, spielt der Buddhismus eine große Rolle im Alltagsleben. Ein normaler Myanmare bedankt sich jeden Tag in seinem Leben bei fünf Elementen:

bou'dȧ *(Buddha)* der Erleuchtete, der den Weg zum Frieden (Nirvana) zeigt.
dəmȧ *(Dharma)* die Lehre Buddhas, der Weg
ðanga *(Sanha)* Mönche, die Söhne Buddhas, die ihr Leben dem Buddhismus widmen und ihn den Laien weitergeben.
mïbȧ die Eltern
shəja Lehrer aller Art

Da der Buddhismus und die Myanmaren unzertrennlich sind, stehen die Pagoden und Klöster mit ihren Mönchen immer im Mittelpunkt. Buddhafiguren, Bildern, Klöstern, Mönchen wird mit Respekt begegnet.

Dem Buddhismus liegen bekanntlich Freiheit, Offenheit, Toleranz sich selbst und Andersgläubigen gegenüber zugrunde. Jeder Mensch ist herzlich willkommen in einer Pagode oder im Kloster. Bevor man ein sakrales

Gebäude betritt, muss man die Schuhe und Strümpfe ausziehen, da das Fußwerk als unrein gilt. Den Hut hingegen kann man auflassen. Myanmaren haben nichts gegen Kopfschutz, da der Kopf als heiligster Teil des Körpers betrachtet wird.

Shorts, kurze Hosen, bei Frauen auch BH-losigkeit, sind zu unterlassen! Provokante Liebesbekundungen und innige Zärtlichkeiten zwischen Pärchen sind nicht nur auf Pagoden, sondern auch in der Öffentlichkeit zu vermeiden. Händchenhalten ist dagegen kein Problem. Auch Männer gehen Hand in Hand. Das deutet keineswegs auf Homosexualität hin und wird als normal betrachtet.

Eine Pagode wird normalerweise im Uhrzeigersinn umrundet, das ist aber kein Muss. Die Pagoden sind nicht nur Ort für Anbetung und Meditation, sondern dienen auch als „Treffpunkt" bei verschiedenen Anlässen.

Manche Familie mit den Kindern aus den Dörfern betreten z. B. die Shwedagon-Pagode in Yangon mit Brotzeit und Strohmatte, bzw. Decke in der Hand. Zuerst erweisen sie Respekt **(schï khòò)** vor Buddha, genießen dann ihre mitgebrachten Speisen und legen mittags ein Nickerchen ein. Oder sie unterhalten sich. Bei Sonnenuntergang machen sie wieder ein **schï khòò,** dann begeben sie sich auf den Weg nach Hause.

Grundsätzlich benimmt man sich in einer Pagode ruhig und rücksichtsvoll. Wenn man sich gerade in der Nähe einer rasenden Gruppe befindet, kann man sich auch normal unterhalten. Also verlassen sie sich ruhig auf Ihr Gefühl für das Angemessene.

Rauchen ist nicht verboten in der Pagode. Im Kloster, wenn der Mönch raucht, kann man auch mitrauchen. Selbst wenn der Mönch nicht raucht, darf man bei normaler Konversation rauchen.

Die Mönche genießen höchsten Respekt. Man darf sie auf keinen Fall berühren. Man setzt sich vor ihnen auf den Boden, mit den Füßen nach hinten. Da die Europäer nicht daran gewöhnt sind, gibt es Verständnis dafür, wenn sie sich im Schneidersitz hinsetzen. Die Fußsohle in Richtung der Geistlichen ist tabu!

à na dä

Irgendwann fällt jedem,der sich für myanmarische Angelegenheiten interessiert, der Ausdruck **à na dä** auf.

Viele reden einerseits von einer höchst kultivierten Art von Höflichkeit, während die Pessimisten diese Redewendung einschließlich der dahinter steckenden Mentalität eher als ein Hindernis für den Fortschritt bewerten. Eine US-amerikanische Wissenschaftlerin schrieb sogar eine Doktorarbeit darüber. Tatsache ist aber, dass dieses Wort mehrere Bedeutungen hat. Generell bedeutet **à na dä**: dem anderen nicht nur nicht weh tun zu wollen, sondern ihm auch in keiner Weise innerlich zu nahe zu treten. Dies äußert sich z. B. darin, dass nicht einmal die eigene gegenteilige Meinung offenbart wird.

Das jedem Myanmaren anerzogene **à na dä** erlegt ihm im Umgang mit den Mitmenschen die Verpflichtung auf, sich so zu verhalten,dass der andere nicht in die Lage gebracht wird, sich unfreundlich äußern zu müssen (siehe auch „Bitten und Danken").

Für **à na dä** *gibt es keine treffende deutsche Entsprechung, daher ist auch in der Wort-für-Wort-Übersetzng die Rede von „à-na-dä".*

Begrüßung

Händeschütteln ist keine typische myanmarische Art, sich zu begrüßen. Man berührt einander an Schulter oder Arm mit freundlichem Lächeln. Eine Begrüßung mit aneinander gelegten Händen, so wie in Thailand, ist unter normalen Menschen zu unterlassen. Diese Art von Respekterweisung mit anschließendem Hinknien, die **schï khòò** heißt, gilt nur für Buddha, Mönche, Eltern und Lehrer; früher auch bei Königen. Unter „Normalsterblichen" führt es zu großer Verlegenheit.

In Großstädten verbreitet sich zusehends auch die internationale Art der Begrüßung. Bei Frauen sollte man aber lieber darauf verzichten. Umarmen des anderen Geschlechts gilt auch bei jungen Leuten als völlig fremde Geste und ist verpönt. Versuche, jungen Frauen „Bussi" zu geben, auch im Freundeskreis, können Streitigkeiten auslösen.

Frauen

Das weibliche Geschlecht genießt sowohl Respekt als auch Sympathie von Seiten der Männer. Dennoch verhalten sie sich zurückhaltend, besonders wenn Fremde da sind. Gleichberechtigung ist traditionsgemäß im Gesetz festgeschrieben, im Alltagsleben auch anerkannt und praktiziert. Trotzdem halten sie sich von westlichen Emanzipationsgedanken fern und zeigen sich zufrieden, vom Mann geführt zu werden.

Senioren

Die Älteren genießen hohe Achtung in der Gesellschaft. Die Jüngeren zeigen sich immer begeistert, aus Erfahrungen der Alten etwas zu lernen. Sie werden immer als „Weise" betrachtet und behandelt. Die älteste Person bekommt bei jedem Anlass den besten Platz. Wenn man sich in einem Raum befindet, wo sich auch Senioren aufhalten, sollte man vermeiden, dass man höher sitzt als die Älteren. Beim Essen fängt der älteste Teilnehmer mit dem Essen an.

Wenn es zu lange dauert, kann man den Ältesten als Geste des Respekts einen Löffelvoll beliebige Speisen überreichen und sich danach frei bedienen. Schmatzen stößt nicht auf Beliebtheit. Das Erfragen des Alters ist sehr üblich und normal, denn die Hierarchie in der Gesellschaft richtet sich, zugunsten der Älteren, nach dem Alter.

Kinder

Myanmar ist ein sehr kinderfreundliches Land. Kinder anzufassen ist durchaus zulässig und die Eltern freuen sich, wenn man ihre Kinder liebevoll behandelt.

Fotografieren

Fotografieren von Personen ist im Allgemeinen erlaubt. Die Myanmaren sind meist sogar stolz darauf, interessant zu wirken. Regierungsgebäude, Flughäfen, Brücken usw. dürfen nicht fotografiert werden!

Gesten und Handzeichen

Man ruft den anderen herbei, indem man den Arm hebt und die ausgestreckte Hand (mit der Handfläche nach unten) von oben nach unten bewegt.

Umgekehrt in gleicher Haltung von unten nach oben richtende Bewegung bedeutet, wie in vielen Ländern, „verschwinde!", „schleich dich!".

Die deutsche Geste mit offener Hand nach oben bedeutet ein „Verlangen".

Ein laut schnalzendes Geräusch mit der Zunge bedeutet Empörung bis Zorn, je nach Lautstärke, und ist teilweise mit dem Schimpfwort „Scheiße" vergleichbar.

Auf jemanden, der sich in der Nähe befindet, den Finger zu richten, wirkt beschuldigend und sehr unhöflich.

Beschimpfungen wie in Deutschland, z. B. Vogel zeigen, Stinkefinger zeigen, verfehlen bei Myanmaren ihre Wirkung, denn niemand versteht diese Zeichen.

Kopfnicken ist auch in Myanmar Ausdruck der Zustimmung, Kopfschütteln Ausdruck der Ablehnung.

Geben und Nehmen bei Älteren sind stets mit beiden Händen zu erledigen.

Die linke Hand gilt als nicht sonderlich rein, aber beim Essen, wenn der Reis mit der rechten Hand gegessen wird, kann man durchaus auch die linke Hand zusätzlich benutzen.

Allgemeine Verhaltenstipps

Das Motto „Kleider machen Leute" gilt auch in Myanmar, besonders für Zeremonien.

Man ist nicht daran gewöhnt, in der Öffentlichkeit Unterwäsche von Frauen zu sehen, was Frau vielleicht beachten sollte, z. B. beim Waschen und Trocknen.

Wenn man sich in Myanmar mit den Einheimischen unterhält, sollte man die richtige Anrede, wie „Opa, Oma, Onkel, Tante" benutzen. Dadurch kann man sehr schnell das Herz der Menschen erobern. Man sollte auch nicht gleich beleidigt sein, wenn man selbst als Onkel, Tante oder Opa angeredet wird. In solchen Anreden zeigen sich Respekt und Brüderlichkeit und sie beziehen sich sehr wenig auf das Alter. Fühlen Sie sich also myanmarisch geehrt, wenn Sie für älter gehalten werden, als Sie sind!

Prostitution ist in Myanmar verboten. Wenn man erwischt wird, droht dem Kunden eine Gefängnisstrafe.

Besitz von Rauschgift ist selbst in kleinsten Mengen verboten. Darauf stehen hohe Gefängnisstrafen bis hin zur Todesstrafe.

Politische Diskussionen in der Öffentlichkeit mit den Einheimischen, insbesondere mit Regierungsangestellten, sind zu unterlassen.

Ist man zu einer Hochzeit eingeladen, ist es üblich, ein Geschenk mitzubringen, das das Brautpaar im Haushalt gebrauchen kann. Oder auch einfach Geld im Briefumschlag.

In der Familie

Da die Myanmaren Familienmenschen sind, das heißt, die Familie ist der wichtigste Bestandteil des Lebens, interessieren sie sich auch für die Belange anderer sehr. In einer Familie spielt der Vater immer die Rolle des Oberhauptes. Dennoch genießt die Mutter unvergleichliche Liebe und Respekt von den Kindern, so dass das Wort für Eltern mit Mutter anfängt. (**mï bȧ** = Mutter + Vater). Anstatt „Vaterland" gibt es im Myanmarischen nur „Mutterland". Die Bezeichnungen für Familienmitglieder und andere Verwandte sind sehr genau. Anders als im Deutschen gibt es völlig unterschiedliche Wörter für den älteren und den jüngeren Bruder (bzw. Schwester). Bei „Onkel" und „Tante" lassen die Bezeichnungen auch erkennen, ob es sich um Verwandte der väterlichen oder mütterlichen Seite handelt und ob sie älter oder jünger als Vater/Mutter sind. Es gibt sogar Bezeichnungen, die ausweisen, ob sie von weiblichen oder männlichen Parts benutzt werden.

mïbȧ	Eltern
əme	Mutter
əphe	Vater
əphòò	Großvater
əphwà	Großmutter
ðà	Sohn
ðəmì	Tochter
nji-əkoo-maun-hnəmȧ	Geschwister
əkoo	älterer Bruder

nji	jüngerer Bruder
əmȧ	ältere Schwester
njimȧ	jüngere Schwester
ədo	Tante (im Allgemeinen für alle Tanten)
ùlè	Onkel (für jüngere Onkel)
ùdjì	Onkel (für ältere Onkel)
dodjì	ältere Schwester des Vaters
bȧdjì	älterer Bruder des Vaters
dodjì	ältere Schwester der Mutter
dolė	jüngere Schwester der Mutter
tu	Neffe (für alle)
tumȧ	Nichte (für alle)
jau'khəmȧ	Schwiegervater / Schwiegermutter
ðəmä'	Schwiegersohn
tschwèmȧ	Schwiegertochter
nji–əkoo-wàngwȁ	Cousin
nji–əmȧ-wàngwȁ	Kusine
məjì	Schwägerin, Ehefrau des älteren Bruders
khämȧ	Schwägerin, Ehefrau des jüngeren Bruders
khämȧ	Schwägerin, Schwester der Ehefrau
jaùnmȧ	Schwägerin, Schwester des Ehemannes
jau'phȧ	Schwager, Ehemann der älteren Schwester
jau'phȧ	Schwager, Ehemann der jüngeren Schwester
ma'	Schwager, Bruder des Ehemannes
jau'phȧ	Schwager, Bruder der Ehefrau

nji-əkoo-maun-hnəmȧ bähnə jau' schï lȁ?
Geschwister wieviel Personen haben ?
Wie viele Geschwister haben Sie?

tjənȯ hma əmȧ hnə jau' nȁ nji tə jau' schï dä.
ich(m) an ältere-Schwester zwei KW und jüngerer-Bruder ein KW haben Geg.
Ich habe zwei ältere Schwestern und einen jüngeren Bruder.

tjəmȧ tə ù dằ ðəmì ba.
ich(w) ein KW nur Tochter Auss.
Ich bin die einzige Tochter.

khinbjà əme / əphe tjì bi là?
Sie Mutter/Vater alt fertig-sein Ent.-?
Ist Ihr Mutter/Vater schon alt?

tjənȯ əphe əðä' tschau'shä schï bi, pinsin ju pìbi.
ich(m) Vater Alter sechzig haben fertig-sein Rente nehmen fertig-sein
Mein Vater ist schon sechzig und schon in Rente.

khinbjà mïðàzu̇ bähma ne lằ?
Sie Familie wo wohnen ?
Wo wohnt Ihre Familie?

tjənȯ mïðàzu̇ Yangon hma ne badä.
ich(m) Familie Yangon in wohnen höfl.-Geg.
Meine Familie wohnt in Yangon.

khinbjà hma aindaun schï là?
Sie an Familie haben Ent.-?
Haben Sie Familie?

hou'kằ, tjənȯ hma aindaun schï dä.
stimmt, ich(m) an Familie haben Geg.
Ja, ich habe Familie.

tjənȯ hma maìnmȧ schï dä.
ich(m) an Frau haben Geg.
Ich habe eine Frau.

tjəmȧ hma jau'tjà schï dä.
ich(w) an Mann haben Geg.
Ich habe einen Mann.

tjəno / tjəmȧ təkhùla' pa.
ich(m/w) geschieden Auss.
Ich bin geschieden.

tjəno / tjəmȧ tə jau' htȁ ne dä.
ich(m/w) ein KW nur leben Geg.
Ich bin Single.

tjəno / tjəmȧ sėza'thà badä.
ich(m/w) verlobt-sein höfl.-Geg.
Ich(m/w) bin verlobt.

tjəno / tjəmȧ lubjoo / əpjoo ba.
ich(m/w) Junggeselle/Fräulein Geg.
Ich bin Junggeselle.

jemanden vorstellen

„Ladies First" gibt es in Myanmar nicht. Die ranghöheren bzw älteren Personen werden zuerst vorgestellt.

Koo-Lin goo khinbjà nȁ mai'shä' pè bəjȧze.
Koo-Lin zu Sie mit vorstellen erlauben Genehm.
Darf ich Ihnen Koo-Lin vorstellen.

tjəno khinbjà nå' mai'shä' bəjàze.
ich(m) Sie mit vorstellen Genehm.
Darf ich mich vorstellen.

tjənò / tjəmà namä Hans/Maria ba.
mein(m/w) Name Hans/Maria Auss.
Mein Name ist Hans/Maria.

twė jàda wùnða badä.
Treffen zu sich-freuen höfl.-Geg.
Ich freue mich, Sie kennen zu lernen.

mingəlaba.
Guten Tag.

ne kaùn jålà?
Leben gut höfl.-Ent.-?
Wie geht es Ihnen?
Geht es Ihnen gut?

əshin pje jålà?
Lage passen höfl.-Ent.-?
Ist alles in Ordnung?

àloùn kaùn badä.
Alles gut höfl.-Geg.
Alles in Ordnung.

əshin pje badä.
Lage passen höfl.-Geg.
Mir /Uns geht es gut.

dihma bälau' tja mə lå?
Hier wieviel dauern werden ?
Wie lange bleiben Sie hier?

khənà bå.
Moment Auss.
Nur kurz.

ətja djì ne mä.
Dauer groß bleiben Zuk.
Ich bleibe lange.
Oder: Ich bleibe eine Weile.

nau' twė jin kho ba.
wieder treffen wenn rufen Auff.
Rufen Sie mich, wenn wir uns wieder sehen.

ðwàdȯ mä.
gehen-werden Zuk.
Auf Wiedersehen.

ðwà mä no.
gehen Zuk. höfl.
Auf Wiedersehen.

ðwà ba-oùn mä.
Gehen höfl.-Auff. Zuk.
Auf Wiedersehen.

namä	Name
mai'shä'	sich vorstellen
wùnða	sich freuen
mai'shwe	Freund
ðəngädjìn	gleichaltriger enger Freund
mai'shwephji'	Freundschaft

Bitten und Danken

Es gibt für das deutsche „bitte" in einem Wort keine myanmarische Entsprechung. In der Umgangssprache kann man es zum Ausdruck bringen, indem ein Aufforderungssatz mit dem Funktionswort **pè ba** (für Höflichkeit) verbunden wird:

je pè ba.
Wasser geben Auff.
Geben Sie mir Wasser, bitte.

(Achtung, **pè** *allein bedeutet „geben". Wenn es hingegen direkt hinter einem anderen Verb steht, ist es eine höfliche Aufforderung, etwas zu tun.)* **pè ba** *getrennt geschrieben bedeutet ursprünglich „geben Aufforderung". Wenn ein anderes Verb davor kommt, wird* **pèba** *zusammengeschrieben zur „höflichen Aufforderung".*

da lou' pèba.
dies tun höfl.-Auff.
Tun Sie mir einen/diesen Gefallen, bitte.

In der gehobenen Gesellschaft oder bei offiziellen Durchsagen sagt man **tjèzùpjù-jwė,** das mit dem englischen „please" vergleichbar ist. Folgendes ist z. B. am Bahnhof oder Flughafen zu hören:

tjèzùpjù-jwė nàshin ba, schin.
bitte zuhören höfl.-Auff. Sie (wenn die Ansage von einer weiblichen Person gesprochen wird)
Wir bitten Sie um Aufmerksamkeit.

tjèzùpjù-jwė nàshin ba, khinbjà.
bitte zuhören höfl.-Auff. Sie (wenn die Ansage von einer männlichen Person gesprochen wird)
Wir bitten Sie um Aufmerksamkeit.

tjèzù	*Dank*	der Dank
tjèzùtin	*Dank-schulden*	danken

tjèzù bầ
Dank Auss.
Danke!

tjèzùtin badä
danken höfl.-Geg.
Ich/wir danke/n Ihnen/dir/euch.

tjèzù əmjà djì tin badä.
Dank viel ganz danken höfl.-Geg.
Ich danke Ihnen vielmals.

kai'sȧ mə schï ba bù, əðè-əphwầ ba.
Sache nicht haben höfl. nein Kleinigkeit Auss.
Nichts zu danken, das ist nicht der Rede wert.

Das Wort **ba** (nach 4. Ton **pa**) hat mehrere Bedeutungen (siehe auch „Funktionswörter"):

Verb + **ba** und der Satz ist zu Ende	= *Aufforderung*
Verb + **ba** + anderes Funktionswort, wie z. B. **dä**	= *Höflichkeit*
Substantiv + **ba**	= *Aussage oder Feststellung*

tjèzùtin bȯȯ mə loo ba bù, jȧ badä.
danken zu nicht brauchen höfl. nein können höfl.-Geg.
Sie brauchen nicht zu danken, ist schon gut.

khwïnpjù ba.
genehmigen Auff.
Entschuldigen Sie, Pardon.

mə to lȯȯ ba.
nicht eignen wegen Geg.
Verzeihen Sie mir, bitte.

sai' mə kaùn ba bù.
Geist nicht gut höfl. nein
Es tut mir Leid.

wùnnȁ badä.
traurig höfl.-Geg.
Es tut mir Leid.

phai'tȁ ətwä' tjèzùtin badä.
Einladen für danken höfl.-Geg.
Danke für die Einladung.

àna lei'ta, ətja-djì sȧun ne jȧ da.
à-na-dä höfl. Dauer-groß warten gerade zu dies
Entschuldigen Sie, es tut mir Leid, dass Sie so lange gewartet haben.

à mə na banȁ, jȧ badä.
Nicht Zuk. à-na-dä höfl.-nein, passen höfl.-Geg.
Es ist kein Problem, es passt schon.

pjò jȧ hma à-na-dä.
Sagen zu an à-na dä
Es ist mir peinlich, es dir / Ihnen zu sagen.

ngȧ maìnmȧ à-na lȯȯ əjä' mə ðau' tȯ bù.
meine Frau à-na-dä wegen Alkohol nicht trinken mehr nein
Meiner Frau zuliebe trinke ich keinen Alkohol mehr.

Anrede

Für Männer gibt es drei Anreden vor ihrem Namen: **ù, koo** und **maung.**

ù *(+ Name)* ist vergleichbar mit „Herr" im Deutschen; es wird verwendet, wenn man den Angesprochenen siezt, sowie in formellen Gesprächssituationen.

koo *(+ Name)* benutzt man für einen Mann jungen bis mittleren Alters, der sowohl geduzt als auch gesiezt werden kann, wohingegen **maung** *(+ Name)* für einen deutlich jüngeren Mann (oder Schuljungen), den man duzt, verwendet wird.

Für Frauen sind nur zwei Anreden zu nennen: **do** und **mȧ.**

do *(+ Name)* ist mit „Frau" im Deutschen zu vergleichen, also für formelle Anlässe und für gesiezte Gesprächspartnerinnen zuständig.

mȧ *(+ Name)* ist für Frauen und Mädchen mittleren Alters. Wenn eine Frau also z. B. **Hla** heißt, kann man sie entweder **do Hla** oder **mȧ Hla** nennen, je nachdem wie groß der Altersunterschied zwischen dem Sprecher und der Angeredeten ist.

Anreden ohne Namen sind **schin** und **khinbjà.** Hierbei spielt es eine Rolle, ob der *Sprecher* männlich oder weiblich ist: Eine Frau verwendet immer **schin** und ein Mann immer **khinbjà.** Beides heißt „Sie" und wird für Angesprochene beiderlei Geschlechts verwendet!

kaùn dä	ist gut
è ầ diloo bầ	Ja, so ist es.
hman da pȯ	Stimmt, das ist richtig.
è ầ diloo lầ jȧ dä.	Ja, Das geht auch so.
əshin pje dä.	in Ordnung
tjei' tä(dä)	Gut, Das gefällt mir.
hantjȧ dä.	Klasse, Spitze.
jȧ là	Ist es OK?
jȧ (ba)dä	Es ist OK.

Unzufriedenheit, Missfallen ausdrücken

... mə kaùn bù.	... ist nicht gut.
mə kaùn bù	Das ist nicht gut.
mə sun bù	Das ist nicht ideal.
mə jȧ bù	Das geht nicht.
əshin mə pje bù	Das passt nicht gut. Das ist nicht in Ordnung.
ðwà ba bi.	Das ist weg.
to ba dȯ	Hör auf!
auch:	Nein danke!
shòò lei'ta(da)	sehr schlecht
njȧn lei'ta (da)	Dumm gelaufen.
pja'ðəna bầ	Das ist das Problem.

ȧn-or – Erstaunen

hà	Na!
phəjȧ je	O Gott (Ausruf)
kầ	Hoppla!
ba phji'ta lầ	Was ist los?

hou'-jȧ-là?	Wirklich?
phji'jȧ-le!	Du liebe Zeit, Auweia!
ba-lȁ-hȧ?	Was ist das?
ba-ðə-bò-lȁ?	Was soll das bedeuten?
ba-ədai'pä-hmȧ-mə-schï-bù.	Es hat keinen Sinn.
pjä'pi (bi)!	Kaputt!
ðwà bi!	Es ist weg! / Kaputt!
o o	Soso.
sai'pjä'-səja	Frustrierend.
jun-səja	Ekelhaft, widerlich!
kä-djȧ-ba!	Hilfe! *Retten-Mehrzahl*

Die Sprache des Geistes

Die Stärke bzw. Schwäche des Geistes eines Menschen spiegelt sich häufig in der myanmarischen Sprache. Einige Beispiele:

sai'	Geist
sai'kaùn	nett, gutmütig
sai'nùnjȧn	sanft, barmherzig
sai'shòò	wütend
sai'jou'	dreist, gemein
sai'hman	korrekt
sai'pjȯ	weich (Weichei)
sai'ma	tapfer, mutig
sai'sche	geduldig
sai'too	ungeduldig, beleidigt
sai'pjä'	entäuscht, verzweifelt
sai'koun	mit den Nerven am Ende
sai'da' tjȧ	gedemütigt

sai'schou'	verwirrend
sai'nù	empfindlich
sai'kùjin	träumen
sai'jeìnwin	wilde Gedanken
sai'nji'	unter Stress
sai'winzà	sich für etwas interessieren

ðu sai'nji' ne dä.
er/sie Stress gerade Geg.
Er/sie steht unter Stress.

ðumà gità hma sai'winzà dä.
Sie Musik interessieren Geg.
Sie interessiert sich für Musik.

Das erste Gespräch

Üblicherweise fragen die Myanmaren im ersten Gespräch mit dem Fremden nach der Herkunft, dem Grund seines Besuches (Tourismus, Geschäft, Studium usw.). Der Name natürlich, Alter, Familienstand, Geschwister, Ehepartner und Beruf sind sehr interessante Themen. Beim Namen sollte man darauf achten, bei privaten Angelegenheiten nur den Vornamen, bzw. wie man gerne genannt werden möchte, anzugeben. Als Fremder sollte man sich hier zuerst, wie im Deutschen, eher förmlich unterhalten.

Die Myanmaren haben keine Familiennamen! Die Bedeutung des Familiennamens in Europa kann ein normaler Myanmare kaum nachvollziehen. Deshalb kann Erklärungsbedarf entstehen, wenn man Familiennamen äußert.

khinbjà namä bäloo kho lå̀?
Sie Name wie nennen ?
Wie heißen Sie?

khinbjà əðä' bälau' schï bi lå̀?
Sie Alter wieviel haben fertig-sein ?
Wie alt sind sie?

bå̀ teìnpji gà la lå̀?
Welche Land von kommen ?
Aus welchem Land kommen Sie?

tjənò əðä' ðoùnshä schï bi.
ich(m) Alter dreißig haben fertig-sein
Ich bin dreißig Jahre alt.

So üblich es in der Umgangsprache auch ist, kann man (vor allem bei offiziellen Anlässen) nicht immer die Verwandschaftsbezeichnungen benutzen!

Weitere nützliche Sätze für ein erstes Gespräch finden sich im Kapitel „Kurz-Knigge“.

(bei Österreichern gibt es Erklärungsbedarf, denn Myanmaren verwechseln das Land immer mit Australien.)

tjəmȧ djaməni gȧ la badä.
ich(w) Deutschland von kommen höfl.-Geg.
Ich komme aus Deutschland.

khinbjà ba lumjòò lȁ?
Sie was Staatsbürger ?
Was sind Sie für eine Nationalität?

tjəno/tjəmȧ djaman / osətria / swi'ss lumjòò ba.
Ich(m/w) bin Deutscher/ Österreicher/ Schweizer.

khinbjà ba əlou' lou' lȁ?
Sie was Arbeit machen ?
Was machen Sie beruflich?

tjəno/tjəmȧ tjaùnðà / tjaùnðu ba.
ich(m/w) Student/Studentin Auss.
Ich(m/w) bin Student /Studentin.

tjaùn-shəja(mȧ)	Lehrer(in)
əjaschï	Beamter
shəjawun	Arzt
lä ðəmà	Bauer
səjè /səjèmȧ	Sekretär/ Sekretärin
amȧkhan-koozəlä	Versicherungs-kaufmann
jȁðà/ jȁme	Polizist/ Polizistin
(kà) sä'joun-əlou'ðəmà	(Auto-) Fabrik-arbeiter
lä'ðəmà	Schreiner
indjinnija	Ingenieur

ðai'pan-pjinnja-schin	Wissenschaftler
kounməni-pein-schin	Firmenbesitzer
shèdei'-ðəmà	Apotheker
zèjaùn / zèðä	Verkäufer
jou'schin-mìnðà/ jou'schin-mìnðəmì	Schauspieler/ Schauspielerin
ətjanpè	Berater
hotä-wundàn	Hotelfachmann
sàðau'shein-peinschin	Gastronom / Wirt
sìpwàjè-ðəmà	Geschäftsmann
kounðä	Händler
ðədìndau'; ðədinzashəja	Journalist
lä'hmùpjinnjaschin	Handwerker
ənùpjinnjaschin	Künstler
bədjishəja	Maler
shanðàshəja	Friseur
pïðùka	Architekt
schwebədainshəja	Goldschmied
jədəna-kounðä	Juwelier
a'tschou'ðä	Schneider
njuntjàjèhmù	Direktor
tjwàntjinðu	Experte
hlja'si'shəja	Elektriker
da'pounshəja	Fotograf
schène	Rechtsantwalt
təjàðudjì	Richter
parəgu	Ph. D. (Dr. phil.)
banwundàn	Banker
profä'sha	Professor

tjəno /tjəmà kounməni hma lou'tä(dä).
ich(m/w) Firma in arbeiten Geg.
Ich(m/w) arbeite in einer Firma.

kounməni *(company)*	Firma
ban	Bank
joùn	Büro
sä'joun	Fabrik
əlou'joun	Handwerkerhof
shèjoun	Krankenhaus
əsòòjà schi hma	beim Staat (Beamter)

Unterwegs

Die gängigste Methode der Myanmaren, Entfernungen zu überbrücken, ist nach wie vor zu Fuß, da es oft an anderen Mobilitätsmöglichkeiten der modernen Zeit fehlt. Folgende Wörter und Sätze können für Stadtbummler und Ausflügler sehr hilfreich sein.

da ba làn lằ?
Dies was Straße ?
Wie heißt diese Straße?

da ba neja lằ?
Dies was Platz ?
Was ist es für ein Platz?

da ba əshau'-ə-u lằ?
Dies was Gebäude ?
Wie heißt dieses Gebäude? / Was ist das für ein Gebäude?

Shwedagon phəjà goo bäloo ðwà jà mə lằ?
Shwedagon Pagode zu wie gehen werden Zuk. ?
Wie kann man zur Shwedagon-Pagode gehen?

Sule phəjà	Sule Pagode
le zai'	Flughafen
hotä	Hotel
butajoun	Bahnhof
mji'shai'	Hafen
ba'səkàgai'	Bushaltestelle
mjȯȯdȧ̀	Stadtzentrum
sàđau'shein	Restaurant
sa-ou' shein	Buchladen
pjantjàjè-thanȧ	Information
shèshein	Apotheke
kounsounshein	Laden
joùn	-Büro *(am Wortende für Ämter und Behörden)*
əkhunjoùn	Steuerbehörde, Finanzamt
lebajoùn	Arbeitsamt *(vom englischen „labour" abgeleitet)*
əkau'khunjoùn	Zollamt
mjȯȯdokhànmȧ	Rathaus
jou'schinjoun	Kino
za'joun	Theater
pjȧdei'	Museum
à-gə-zàjoun	Stadion
tərai'shanjoun	Tierpark
jou'khȧbedȧ-pàndjan	Botanischer Garten
phəjà	Pagode
phoùndjìtjaùn	Mönchskloster
kànnà / shai'kàn	Hafen
dədà	Brücke
tùmjaùn	Kanal
mji'	Fluss
tschaùn	Bach
kandodjì	Königlicher See

tä'kəðoo	Universität
zè	Markt
jȁthanȧ	Polizei
shèjoun	Krankenhaus
zəja'	Rasthäuschen (auf dem Land)
na'sin	Geisterhäuschen
làn	Straße
əweìn	Verkehrsrondell
lànmȧdjì	Hauptstraße
ləphä'jeshein	Teehaus
lànshoun	Kreuzung
lànðwä	Gasse
làngwȧ	Gabelung
əschė	Osten
ənau'	Westen
taun	Süden
mjau'	Norden

mjȯȯthȁ goo ðwà jin bälau' tja lȁ?
Stadtzentrum zu gehen wenn wieviel dauern ?
Wie lange braucht man ins Stadtzentrum?

kandodjì goo bälau' wè lȁ?
Königlicher See zu wieviel weit ?
Wie weit ist es zum Königlichen See?

shä mïni' lau' bȁ tja dä.
10 Minuten ungefähr nur dauern Geg.
Es dauert ungefähr nur 10 Minuten.

mjȯȯmjeboun schï là, bähma wä lȯȯ jȧ lȁ?
Stadtplan haben Ent.-? wo kaufen zu können ?
Gibt es einen Stadtplan? Wo kann man ihn kaufen?

tjəno /tjəmȧ làn pjau' ne dä, kunji ba.
ich(m/w) Weg verlieren gerade Geg. helfen Auff.
Ich habe den Weg verloren, ich habe mich verfahren.
Bitte helfen Sie mir.

tjəno/tjəmȧ əkhu̇ bähma jau' ne lä̀?
ich(m/w) jetzt wo erreichen gerade ?
Wo bin ich jetzt?

tjəno/tjəmȧ zè scha lȯȯ mə twė bù.
ich(m/w) Markt suchen zu nicht finden nein.
Ich finde den Markt nicht.

hotä goo bäloo pjan jȧ mə lä̀?
Hotel zu wie zurückgehen werden Zuk. ?
Wie kann ich zum Hotel zurück gehen?

shei'kà /tä'kəsi tə zì scha pèba.
Rikscha /Taxi ein suchen höfl.-Auff.
Suchen /holen Sie mir ein Rikscha / Taxi bitte.

tjənȯ goo lei'pȯȯ pèmə là, pei'shan pè bamä
ich(m) zu begleiten höfl.-Zuk. Ent.-? Geld geben höfl.-Zuk.
Können Sie mich dahin begleiten,
ich gebe Ihnen gerne Geld dafür.

tä̇tä̇ ðwà.	**bäbä' koo**	**njabä' koo**
geradeaus gehen	*links zu*	*rechts zu*
Gehen Sie geradeaus.	nach links	nach rechts

lànschau' ðwà lȯȯ jȧ là?
Zu-Fuß gehen zu können Ent.-?
Kann man dahin zu Fuß gehen?

lànschau' ðwà lòò jà dä.
Zu-Fuß gehen zu können Geg.
Ja, man kann dahin zu Fuß gehen.

hïn-ìn, tä'kəsi nå̈ ðwà.
Nein, Taxi mit gehen
Nein, nehmen Sie lieber ein Taxi.

mit Taxi und Rikscha

Taxigewerbe gibt es nur in Großstädten. In kleineren Ortschaften ist man als Reisender auf Fahrrad-Rikschas und Pferdewagen angewiesen. Sie sind überall anzutreffen und trotz mühsamem Tempo für kurze Strecken ideal. Es gibt für Taxen keinen festen Tarif und keinen Taxameter, dementsprechend muss der Preis vor der Fahrt ausgehandelt werden. Das gleiche gilt für Rikscha und Pferdewagen.

à là? *Frei Ent-?* Sind Sie frei?

à dä, bä ðwà mə lå̈?
frei Geg. wo gehen werden ?
Ja, ich bin frei. Wo möchten Sie hin?

kàgai' koo ðwà mä.
Busstation zu gehen Zuk.
Ich möchte gerne zur Busstation.

hotä /zè goo bälau' lå̈?
Hotel / Markt zu wieviel ?
Wie viel kostet das zum Hotel / Markt?

hnəja tja’
zweihundert kyats
200 Kyats.
(die Währung wird aber meistens weggelassen)

zè ðai’ tjì dä.
Preis sehr groß Geg.
Es ist zu teuer.

schȯ ba oùn.
Runterkommen höfl.-Auff. noch
Gehen Sie runter mit dem Preis.

njabä’ / bäbä’ / tȁtȁ ðwà ba.
Rechts / Links / Geradeaus gehen Auff.
Fahren Sie rechts / links / geradeaus, bitte.

di / hoo hma ja’ pèba.
hier / dort an anhalten höfl.-Auff.
Halten Sie hier / dort an, bitte.

khənȧ sȧun ba.
Moment warten Auff.
Bitte, warten Sie einen Moment.

di kà bä ðwà mə lȁ?
Dies Auto wo gehen werden ?
Wohin fährt dieses Auto?

Sule phəjȧ jau’ mə là?
Sule Pagode erreichen werden Ent-?
Kommt dieser Wagen an der Sule Pagode vorbei?

Für den Nahverkehr in den Großstädten und Langstrecken auf dem Land sorgen außer Bussen auch so genannte Pick-Ups. Allerdings kann dieses Verkehrsmittel für manche Europäer zu unbequem sein, weil sie sehr eng und meistens überladen sind. Wenn man es sich trotzdem als Erlebnis zumutet, sollte man sich vor dem Besteigen nach der genauen Strecke des Autos erkundigen. Das Wort Pick-Up kommt aus dem Englischen. Das Gefährt war ursprünglich nur für den Gütertransport gebaut.

əmjòòðà pjàdei' nȁ ənìzoùn hma'tein hma tschȧ pèba.
National Museum mit am-nächsten Haltestelle an aussteigen-lassen höfl.-Auff.
Lassen Sie mich an der Bushaltestelle aussteigen, die in der Nähe vom National Museum ist.

di hma'tein hma shìn mä.
Dies Haltestelle in aussteigen Zuk.
Ich möchte hier aussteigen.
(Ich steige hier aus.)

hòò!	**ja' pèba**
hòòdà!	*stoppen höfl.-Auff.*
Stop!	Halten Sie bitte an.

mit dem Bus

Die Busfahrt in Myanmar beansprucht viel Geduld und Zeit. Viele Fahrzeuge im Busgewerbe haben rekordverdächtige Dienstjahre hinter sich. Eine erhebliche Zahl der in Yangons Straßen verwendeten Busse kam unmittelbar nach dem Ende des ersten Weltkrieges nach Myanmar. Mittlerweile gibt es auch moderne Reisebusse mit Klimaanlage und bequemen Sitzplätzen. Wenn man Landschaft und Leute kennen lernen möchte, sind Busfahrten ein Muss. Viele Fahrten zu Touristenzielen werden jedoch nachts ausgeführt. Hier sind einige nützliche Wörter und Sätze.

Mandalay /Bagan goo ðwà djin dä.
Mandalay / Bagan nach gehen möchten Geg.
Ich möchte /Wir möchten gerne nach Bagan/ Mandalay fahren.

lä'hma' bähma wä lȯȯ jȧ mə lȁ?
Ticket wo kaufen zu können werden ?
Wo kann man Tickets kaufen?

neja kaùnkaùn pè ba.
Platz gut geben Auff.
Geben Sie mir einen guten Platz, bitte.

kà bädȯ thwä' mə lȁ?
Auto wann abfahren werden ?
Wann fährt der Bus los?

ətschain hman thwä' là?
Zeit richtig losfahren Ent.-?
Fährt er pünktlich?

Bagan əthï bälau' tja mə lȁ?
Bagan bis wieviel dauern werden ?
Wie lange dauert die Fahrt bis Bagan?

thəmìn sà mä *Reis essen Zuk.*	Pause zum Essen
tjànmajè *Gesundheit*	Technische Pause (höflich)
pau'tò	Pause für kleines Geschäftchen (mit Humor)

ရန်ကုန်
Yangon

မန္တလေး
Mandalay

ပုဂံ
Bagan

kà ja' pèba.
Auto stoppen höfl.-Auff.
Das Auto anhalten, bitte.

dihma shìn mä
hier aussteigen Zuk..
Ich will hier aussteigen.

mit dem Zug

Außer auf großen Strecken, wie von Yangon nach Mandalay, ist die Zugfahrt wegen Unpünktlichkeiten und mühsamem Tempo nicht sonderlich bequem. Die Bahnschienen sind zum Teil sehr wackelig. Dennoch kann die Zugreise durchaus erlebenswert sein, wenn man mit den Einheimischen in Kontakt kommen will.

butajoun bähma lằ, bäloo ðwà já mə lằ?
Bahnhof wo ? wie gehen können werden ?
Wo ist der Bahnhof? Wie geht man da hin?

Mandalay jəthà bä gá thwä' lằ?
Mandalay Zug wo von abfahren ?
Von wo (von welchem Gleis) fährt der Zug nach Mandalay ab?

da Mandalay jəthà là?
dies Mandalay Zug Ent.-?
Ist das der Zug nach Mandalay?

ðazi goo bädó jau' mə lằ?
Thazi nach wann erreichen werden ?
Wann kommen wir in Thazi an?

lä'hma'	Ticket	
jəthà	Zug	
əmjan jəthà	Express (Schnellzug)	
zìndjan	Gleis	
ətwȁ	Waggon	
sàðau'twȁ	Speisewagen	
khoun	Sitzplatz	
jòòjòòdàn	Einfacher Waggon	*(engl. Ordinary Class)*
əthùdàn	spezielle Klasse	
pəthəmàdàn	Erste Klasse	*(mit Sitzen zum Anlehnen)*
ai'khàndwȁ	Schlafwagen	
ətwȁ-nanba'	Waggonnummer	
lä'hma'si'	Schaffner	
pjədìnbau'	Fenster	
pjədìnbau'pai'	Fenster schließen	
pjədìnbau'phwïn	Fenster öffnen	
ainða	Toilette	
shèlai'ðau'	rauchen	
gaùndwȁ	Lokomotive	
ga'boo	Zugführer	
jəthà-màun	Lokführer	

mit dem Flugzeug

Obwohl das Personal, das in der Flugbranche beschäftigt ist, natürlich Englisch spricht, bringt es immer Vorteile, einige myanmarische Vokabeln zu kennen.

lezai'	Flughafen
lejinmjan	Flugzeug
djä'lemjan	Jet (Düsenmaschine)
panga lemjan	Propellermaschine

hälikopta	Hubschrauber
lejin-lä'hma'	Flugticket
lejin tä'khwïn lä'hma'	Bordkarte
lä'shwȁ-ai'	Handgepäck
khəjìzaun-ai'	Koffer
tjòpòò-ai'	Rucksack
pjan	Fliegen
lejin-hmù	Pilot
lejin-mä	Air hostess, Flugbegleiterin
lejin-tä'	starten
lejin-shìn	landen
khəba'-pa'	angurten
khəba'-phjou'	abgurten
shèlai' mə ðau' jà	Nicht rauchen
əðä'kä-aìndji	Schwimmweste
(engl. oxygen) **au'sidjin**	Sauerstoff
pjanðàn-tschain	Flugzeit
əmjïn-pe	Höhenmeter

mit dem Schiff

In Myanmar gibt es vier große Flüssse und unzählige kleinere Flüsse, so dass sich im Lande eine Menge Schifffahrtsmöglichkeiten anbieten. Damit man sich in abgelegenen außertouristischen Gebieten mit den Einheimischen verständlich machen kann, helfen folgende Sätze und Wörter.

kùdòòshai' bähma lȁ?
Hafen wo ?
Wo ist der Hafen?

nau' ðinbò bädȯ schï mə lå̀?
Nächstes Schiff wann haben werden ?
Wann fährt das nächste Schiff?

kůdȯȯshai'	Hafen, Bootsanlegestelle
shai'kàn	Hafen (groß)
ðinbò	Schiff
hle	Boot
kůdȯȯ	Fähre
dədà	Brücke
jezoun	stromabwärts
jezan	stromaufwärts
dije	Ebbe und Flut
malain-hmù	Kapitän
jedjaùnpjȧ	Navigator
ðinbòðà	Matrose
tjau'shù	Anker

Übernachten

Übernachten ist in Myanmar relativ einfach und unkompliziert, besonders in touristischen Gebieten.

In kleinen Hotels kann man den Preis aushandeln, der ohnehin nicht teuer ist, bevor man überhaupt eincheckt. In großen Hotels spricht das Personal wie überall gut Englisch.

Wenn man aber in eine abgelegene Kleinstadt kommt und in einer bodenständigen Pension übernachtet, sind folgende Vokabeln hilfreich. Man kann zur Not auch kostenlos in einem Mönchskloster übernachten, wenn man mit den Mönchen gut auskommt.

di nà hma hotä schï là?
dies in-der-Nähe an Hotel haben Ent.-?
Gibt es hier in der Nähe ein Hotel?

bähma tả lȯȯ jȧ lả?
wo übernachten zu können ?
Wo kann man hier übernachten?

tảkhookhàn kaùnkaùn schï là?
Pension gut haben Ent.-?
Gibt es hier eine gute Pension?

bähma ai' lȯȯ jȧ dả əkhàn schï lả?
wo schlafen zu können Attribut Zimmer haben ?
Gibt es hier ein Zimmer zum Schlafen?

əkhàn khȧ bälau' là̇?
Zimmer Preis wieviel ?
Wie viel kostet das Zimmer?

əkhàn tjï lȯȯ jȧ mə là?
Zimmer anschauen zu können werden Ent.-?
Kann man das Zimmer anschauen?

di thä'kaùn dà̇ əkhàn mə schï bù là?
dies besser Attribut Zimmer nicht haben nein Ent.-?
Gibt es kein besseres Zimmer?

ai'jakhìn əði' là̇ pèba.
Bettwäsche neu wechseln höfl.-Auff.
Wechseln Sie die Bettwäsche, bitte.

əkhàn ðȧnschìnjè lou' pèba
Zimmer sauber machen höfl.-Auff.
Machen Sie das Zimmer sauber, bitte.

tjənȯ əwu'te scho pè lȯȯ jȧ là?
mein(m) Kleider waschen geben können Ent.-?
Können Sie meine Wäsche waschen?

hotä	Hotel
tà̇khoo khàn	Gästehaus, Pension
zəja'	Rasthaus (auf dem Land, ohne Wände)
əkhàn	Zimmer
təjau'khàn	Einzelzimmer
hnəjau'khàn	Doppelzimmer
shai'njain-dà̇-əkhàn	ruhiges Zimmer
phja	Strohmatte

(worauf die Einheimischen schlafen)

saun	Decke
gədin	Bettgestell
ai'ja	Bett
hmwėja	Matratze
ai'jakhìn	Bettwäsche
gaùn-oùn	Kissen
gaùn-oùn-zu'	Kopfkissen
tschindaun	Moskitonetz
khànzì	Vorhang
jetschòòkhàn	Badezimmer
je-bàn	Dusche
je	Wasser
je-nwè	warmes Wasser
sha'pja	Seife
gaùnscho-je	Shampoo
ðwàdei'-shè	Zahnpasta
ðwàdei'-tan	Zahnbürste
mjä'hnəðou'pəwa	Handtuch
le-è-zä'	Klimaanlage
panga	Ventilator
hlja'si'mì	Strom
mìloùn	Lampe, Birne
səjanlou'thà	reservieren
pei'shan pè	bezahlen (Geld geben)
bountscha	Rechnung, Quittung
əwu'	Kleidung
əwu'scho	waschen
mìbutei'	bügeln
ðànschìnjè lou'	sauber machen
å tjoo	Rezeption
pəthəmȧ tha'	Erster Stock
mjenjitha'	Erdgeschoss

Essen und Trinken

Essen und Trinken ist die Lieblingsbeschäftigung der Myanmaren (vielleicht auch weltweit). Reis ist die Hauptnahrung der Myanmaren. Speisen heißt auf myanmarisch **thəmìn sà,** wortwörtlich bedeutet das „Reis essen". Oberflächlich betrachtet, sieht die myanmarische Küche aus wie beim östlichen Nachbarn Thailand. Sie unterscheidet sich im Geschmack aber deutlich von der Thai-Küche. Myanmaren benutzen, im Gegensatz zur thailändischen Küche, zum Beispiel fast nie Zucker beim Kochen. Auch Kokosmilch ist nicht allzu oft in myanmarischen Gerichten zu schmecken.

Beim Genuss der Spezialitäten aus sogenannten Garküchen auf den Straßen ist Vorsicht geboten. Es ist darauf zu achten, dass wirklich heiß gekocht wird, das Wasser abgekocht ist und frische Zutaten verwendet werden.

Selbstverständlich gibt es Einflüsse aus den großen Nachbarländern, denn Myanmar liegt direkt zwischen den zwei bevölkerungsreichsten Ländern der Welt mit großer kulinarischer Tradition: Indien und China. Dennoch hat sich die myanmarische Küche die Eigenständigkeit und das Typische ihrer eigenen Rezepte bewahrt. Hinzu kommen bei den Bergstämmen noch regionale Varianten.

Frisches Obst ist überall zu kaufen, besonders Bananen, Ananas, Papayas und unzählige andere Früchte, die nur saisonal zu erhalten sind.

Es gibt sehr viele Teehäuser in Myanmar. Für die Einheimischen wird fertiger Tee bzw. Kaffee mit Kondensmilch und viel Zucker serviert. Für reisende Europäer empfiehlt es sich, extra ohne Milch und Zucker zu bestellen.

tschä'pjou'nì – Zubereitungsarten			
kin	gegrillt	**sìngò**	gehackt
tjo	gebraten	**pjou'**	in Wasser gekocht
tschjä'	in Öl gekocht (mit Curry)		

əjȧða – Geschmack	
tschoo	süß
tschin	sauer
ngan	salzig
khà	bitter
sa'	scharf

In den trockenen Jahreszeiten, das heißt, außerhalb der Monsun-Regenzeit, gibt es Zuckerrohrsaftstände, wo man frisch gepressten Zuckerrohrsaft probieren kann.

hìnmjà – Traditionelle Gerichte	
mou'hìngà	Nudelsuppe mit Fischbrühe
khau'shwȁpjou'	Nudelsuppe
oùnnoȯkhau'shwȁ	Nudelsuppe m.Kokosmilch
khau'swȁ ðou'	Nudelsalat
tjä'ðà hìn	Hühner-Curry
tjä'tschau' tjo	Gebratenes Huhn
wä'ðəni-djä'	Schweinefleisch mit Zwiebel-Curry
wä'ðà-hna'	weich gekochtes Schweinefleisch
wä'ðàhìn	Schweinefleisch-Curry
əmȁðàhìn	Rindfleisch-Curry
əmȁðà-hna'	weich gekochtes Rindfleisch
shai'ðàhìn	Ziegen-Curry
shai'kəlizahìn	Ziegen-Innereien-Curry
bȁðàhìn	Enten-Curry
ngà tju'tjo	gebratener Fisch
ngàshibjan	Fisch-Curry

Das myanmarische Frühstück

Das Frühstück besteht aus Reisnudeln, gebratenem Reis, Jasmin-bzw. grünem Tee, und in Großstädten auch schwarzer Tee mit Milch und Zucker. Dazu gehören auch Klebreis mit Kokosflocken, Gemüsetempura usw.

In den Hotels wird natürlich auch europäisches Frühstück serviert.

ðau'səjamjà – Getränke	
je	Wasser
jeðȧn	Mineralwasser
ðau'je	Trinkwasser
soda	Sodawasser
daindjin	Jogurt
jenwèdjàn	Tee (plain Tea, herber grüner Tee)
ləphä'je	Tee mit Zucker und Milch
kophi	Kaffee
ðanbəjaje	Zitronensaft mit Wasser und Zucker
tjanje	Zuckerrohrsaft
ə-è	kaltes Getränk
ətschooje	Limonade
jegȁ	Eis
jegȁ moủn	Eis(-creme)

An einheimischen Essensständen wird auch **jenwèdjàn** *(sehr herber grüner Tee) kostenlos serviert, der zwar manchmal ziemlich wässerig schmeckt, aber sehr gut geeignet ist, Durst zu löschen.*

jəməka – Alkoholhaltige Getränke	
Bija	Bier
əjä'	Schnaps
əjä' phju	Reisschnaps

Gewöhnlich essen die Myanmaren den Reis mit der Hand, Nudeln mit einem kleinen Löffel oder Stäbchen. Für Europäer gibt es in den meisten Restaurants Gabeln. Das typische europäische Besteck, d. h. mit Messer, ist den meisten Myanmaren nicht bekannt, denn das Kleinschneiden übernimmt der Koch.

bəgan – Geschirr	
bəganbjà	Teller
bəganloùn	Suppenteller
khwä'	Schüssel
phankhwä' /khwä'	Glas, Tasse
khəjà	Kanne
dà	Messer
khəjìn	Gabel
zùn	Löffel
tu	Stäbchen
lä'ðou'pəwa	Serviette

sàðau'shein hma – im Restaurant	
sàðau'shein	Restaurant
mjanma-shein	myanmarisches Restaurant
kəlà-shein	indisches Restaurant
təjou'-shein	chinesisches Restaurant
nannä'sa	Frühstück
nėläza	Mittagessen
njàza	Abendessen
hma	bestellen
zəbwằthòò	Kellner
əsà əðau'səjìn (oder) **minùka'**	Speisekarte
pei'shanpè	Geld geben (bezahlen)

di nà hma sàðau'shein kaùnkaùn schï là?
dies in-der-Nähe an Restaurant gut haben Ent.-?
Gibt es hier in der Nähe ein gutes Restaurant?

neja schï là?
Platz haben Ent.-?
Haben Sie noch Platz? Gibt es noch Platz?

ba schï lȁ?
was haben ?
Was haben Sie?

minùka' (əsà əðau' ka'pjà) ju khȁpa.
Menü bringen höfl.-Auff.
Bringen Sie mir/uns die Speisekarte, bitte.

khau'shwȁ djo jȧ là?
Nudeln gebraten bekommen Ent.-?
Können wir gebratene Nudeln bekommen?

jə badä, ba ðà nȁ lȁ?
bekommen höfl.-Geg. was Fleisch mit ?
Ja, haben wir, mit welchem Fleisch, bitte?

wä' / tjä' / ða'ða'lu' lou' pa.
Schwein / Huhn / vegetarisch machen Auff.
Mit Schweinefleisch / Hühnerfleisch / Vegetarisch, bitte.

shi/shà nȁnȁ bȁ thȁ ba
Öl/ Salz wenig nur reintun Auff.
Nur ein wenig Öl/ Salz, bitte.

ləphä'je, kophi, bija pè ba.
Tee, Kaffee, Bier geben Auff.
Geben Sie uns Tee, Kaffee und Bier, bitte.

Myanmar bija də bəlìn pè ba.
Myanmar Bier ein Flasche geben Auff.
Geben Sie uns/mir eine Flasche Myanmar-Bier.

bija è-è pè ba.
Bier kalt geben Auff..
Ein kaltes Bier, bitte.

ləphä'je là, kophi là.?
Tee Ent.-? Kaffee Ent.-?
Möchten Sie Tee oder Kaffee?

ləphä'je /kophi ətschoo pȯpȯ tə kwä' pè ba.
Tee /Kaffee süß mild ein Tasse geben Auff.
Bringen Sie mir/uns eine Tasse Tee /Kaffee, nicht so süß bitte.

Direkte Entsprechungen für „Guten Appetit" oder „Prost" gibt es im Myanmarischen nicht. In der gehobenen Gesellschaft kann man beim Trinken eventuell den englischen Begriff „cheers" verwenden. Zum Essen sagen die Myanmaren einfach: **sàba,** „Essen Sie" bzw. **sà dȯmä** „Essen wir!".

sà ba, ðau' pa, ðoùnshaun ba.
essen höfl.-Auff. trinken höfl.-Auff. bedienen höfl.-Auff.
Essen Sie, trinken Sie, bedienen Sie sich!

kaùn jä̉ là, main jä̉ là?
gut wahr Ent.-? schmecken wahr Ent.-?
Schmeckt es Ihnen? Ist es gut?

ðai' kaùn dä. **təmjòò bȁ.**
sehr gut Geg. *ein-Sorte Auss.*
Sehr gut! Gewöhnungsbedürftig.

əjàða schï dä.
Geschmack haben Geg.
Schmackhaft!

tha' ju ba-oùn.
wieder nehmen höfl.-Auff.
Möchten Sie noch? Nehmen Sie doch noch etwas.

hou'kȁ, thəmìn / hìn / əðou' nȁnȁ pèba.
stimmt, Reis / Gericht / Salat wenig höfl.-Auff.
Ja, geben Sie mir noch ein bisschen vom Reis / Gericht/ Salat, bitte.

tobabi, tjèzùtin badä, wàbabl.
Genug, danke höfl.-Geg. ich-bin-satt
Genug, danke, ich bin satt.

dəgä là, à mə na ba nȁ.
Wirklich Ent.-? nicht à-na-dä höfl.-verneinte-Auff.
Wirklich? Seien Sie nicht schüchtern!

dəgä ba, à mə na babù.
Wirklich Auss. nicht à-na-dä höfl.-nein
Ja, wirklich. Ich bin nicht schüchtern.

sà lòò ðai' kaùn badä.
Essen zu sehr gut höfl.-Geg.
Das Essen war sehr gut.

Einkaufen

Auch heute wird weiterhin auf jedem Markt und bei jedem Kauf gerne gefeilscht. Es ist also schon eine gewisse Kunst, in Myanmar preiswert einzukaufen.

Preisaushandeln beim Einkaufen jeglicher Art hat, abgesehen von einigen wenigen modernen Supermärkten in Yangon und Mandalay, eine uralte Tradition in Myanmar. Dabei spielen natürlich auch freundliches Lächeln und Gesprächsbereitschaft eine gewisse Rolle.

zè	Markt
shein	Laden
tanbòò	Preis
pji'sì	Ware
ou'sa	Sache
jaùn / wä	verkaufen / kaufen
zèðä	Verkäufer
zèwä	Käufer
lå	tauschen
kounzounshein	großer Laden
əji-əðwè	Qualität
əje-ətwä'	Quantität
lä'hmùpji'sì	Kunsthandwerk
ai'	Tüte
thou'pè	einpacken

ai'te pjå ba.
Taschen zeigen Auff.
Zeigen Sie mir Taschen, bitte.

jədənashein bähma schï lå?
Juwelierladen wo haben ?
Wo gibt es einen Juwelierladen?

sa-ou'shein bähma lå̀?
Buchladen wo ?
Wo ist der Buchladen?

boodjou'zè bädȯ phwïn mə lå̀?
Bogyoke Markt wann öffnen werden ?
Wann ist der Bogyoke-Markt geöffnet?

tənìnlanė gəlwå̀pì nė deìn phwïn padä.
Montag außer Tag jeder öffnen höfl. Geg.
Außer montags ist der Markt jeden Tag geöffnet.

ba loo djin balå̀ khinbjà / schin?
Was brauchen möchten höfl.-? Sie(Sprecher m/w)
Was möchten Sie ? Was brauchen Sie?

ou'thou' wä djin dä.
Hut kaufen möchten Geg.
Ich möchte gerne einen Hut kaufen.

lwä-ai' schï là?
Schultertasche haben Ent-?
Haben Sie Schultertaschen?

zèshi' – Preis aushandeln

zètjì	teuer
zèpò	billig
shi'	handeln
schȯ	mit dem Preis runtergehen
pei'shan pè	Geld geben (bezahlen)
krå̈di'ka'	Kreditkarte

di ou'sha bälau' lȁ?
Dies Ware wieviel ?
Wie viel kostet das?

hoo ha bälau' pè jȧ mə lȁ?
Jenes Ding wieviel geben müssen werden ?
Wie viel muss ich für diese Ware bezahlen?

təja tjȧ badä.
hundert kosten höfl.-Geg.
Es kostet 100 kyats.

da zètjì dä.
Dies teuer Geg.
Das ist teuer.

(nȁnȁ) schȯ ba-oùn.
(wenig) runtergehen höfl.-Auff.
Gehen Sie (ein bisschen) runter mit dem Preis.

mə schȯ hnein dȯ bù.
Nicht runtergehen können noch nein.
Billiger geht es nicht mehr.

da nau'shoùn zè bȁ.
Dies letzte Preis Auss.
Das ist der billigste Preis.

Im Textil- und Schuhgeschäft

Die Myanmaren tragen nur Sandalen, in der trockenen Zeit meistens aus Leder und in der Regenzeit Gummisandalen. Außerdem gelten die Myanmaren als das einzige Volk in Hinterindien, das nach wie vor seine traditionelle Kleidung sowohl im Alltag als auch zu Zeremonien anzieht. Das sind die selbst hergestellten **Longyis** (Wickelröcke). Ein **Longyi** besteht aus einem rund zusammengenähten Tuch. Es unterscheidet sich bei Männern und Frauen in Design und Farbe. Röcke für Frauen sind mit Blüten oder filigranen Mustern in bunten Farben bestickt oder bedruckt, die der Männer sind an Streifen und geometrischen Mustern zu erkennen.

phəna'-shein	Schuhladen
nja'phəna'	Sandale
nanba'	Größe
əjwä-əsà	Maße
to	passend
aìndji	Hemd, Bluse
thəmain	Wickelrock für Frau
loundji	Longyi, Wickelrock
baùnbi	Hose
tei'poun	birmanische Jacke
schùphəna'	Schuh
lwä-ai'	Schultertasche
tsche-ai'	Socke

phəna' loo djin dä.
Sandalen brauchen möchten Geg.
Ich brauche Sandalen.

aìndji tjï djin dä.
Hemd anschauen möchten Geg.
Ich möchte gerne Hemden, Jacken und Blusen anschauen.

nanba' bälau' lȁ, teìn tjï mä.
Größe wieviel ? messen sehen Zuk.
Welche Schuhgröße haben Sie? Darf ich Ihre Maße nehmen.

di aìndji tjəno nȁ ðè dä, dï thȁ tjì da pè ba.
dies Hemd/Bluse / Jacke ich(m) mit klein Geg.
dies als groß Attribut geben Auff.
Dieses Hemd ist mir zu klein, zeigen Sie mir etwas Größeres, bitte.

ətjì-zoùn pjȧ ba.
größte zeigen Auff.
Zeigen Sie mir das Größte bitte.

di əjaun tjei' tä.
dies Farbe mögen Geg.
Diese Farbe gefällt mir.

hoo əjaun mə kaùn bù.
jene Farbe nicht gut nein.
Jene Farbe ist nicht gut.

too ne dä.
klein gerade Geg.
Es ist zu kurz.

sche ne dä.
lang gerade Geg.
Es ist zu lang.

pwȧ ne dä.
voluminös gerade Geg.
Es ist zu groß.

je scho jin tjouṅ là?
Wasser waschen wenn schrumpfen Ent.-?
Wird es beim Waschen einlaufen?

mə tjouṅ bù, je scho khan dä.
nicht schrumpfen nein, wasser waschen fest Geg.
Nein, es schrumpft nicht, es ist wasserfest.

di ha tjei' tä.
dies Ding mögen Geg.
Ich mag das.

da ju mä.
dies nehmen Zuk..
Ich nehme es.

pòò	Seide
tschi	Baumwolle
tschi-thä	Baumwollstoff
pòòthä	Seidenstoff
lwä-ai'	Schultertasche
lä'kei-ai'	Handtasche
tschoun-dəbä'	Schal

kaùnkaùn thou' pèba.
gut packen höfl.-Auff.
Packen Sie es gut ein, bitte.

zè hma – Auf dem Markt

Souvenirs für Touristen findet man übrigens auch um die Pagoden, das heißt, am Rande der vier Aufgangstreppen. Diese Tradition reicht viele Jahrhunderte zurück, als man beim Pagodenbesuch auch nützliche Einkäufe für den Haushalt erledigen konnte.

Außer einigen neu entstandenen Supermärkten in Yangon und Mandalay gibt es in Myanmar keine gesonderten Märkte für Lebensmittel und Gemüse, Stoffe und Schreibwaren. Meistens kann man alles auf einem Markt kaufen. Außerdem findet man in Myanmar die besten Rubine, Jade, Smaragde, Saphire der Welt, weshalb das Land einst von den Engländern auch als „goldenes Land" bezeichnet wurde. Hier ist wiederum Vorsicht geboten, wenn man sich nicht gut auskennt, denn auch falsche Steine sind im Umlauf.

əmha'təjà- pji'sì – Waren & Souvenirs

Neue Buddha-Figuren darf man ausführen. Allerdings ist es ratsam, sich zu erkundigen, ob es sich um Antiquitäten von historischen Wert handelt. Antiquitäten, die älter als 75 Jahre sind, stehen unter Schutz und dürfen nicht exportiert werden.

lä'shaun	Geschenk
bou'dȧ jou'thů	Buddha-Figur
jùnthä	Lackwaren
ngwethä	Silberwaren
ði'pəbů	Holzschnitzereien
schwe-tschi-thòò	Sequenz
tjau'si-kələga	Wandteppich
schwethä	Goldwaren
jədəna,	Juwelen,
lä'wu'jədəna	Schmuck
lä'su'	Ring
nəga'	Ohrringe
lä'kau'	Armband
läzwȁ, shwȁdjòò	Halskette

Natur

Myanmar ist bekanntlich ein landschaftlich wunderschönes Land mit Urwäldern, Reisfeldern, einer überlangen Küste mit zahlreichen unberührten Inseln im Süden. Im Norden des Landes befinden sich Ausläufer des Himalaja, die bis zu knapp 6000 m hoch sind und auf denen es natürlich Gletscher gibt. Diese landschaftliche Vielfalt hat zur Entstehung einer schier endlosen Flora und Fauna geführt.

ðəbawȧ – Natur

ðəbawȧ	Natur
əmjòòðà pàndjan	Nationalpark
pàn-ȕ-jin	Garten
bèmå̀tò	Naturschutzgebiet (Wald)
əmå̀-məlei'jȧ	Jagdverbot
winbau'	Eingang
thwä'pau'	Ausgang
làn	Weg
luðwàlàn	Fußweg
schȕkhìnða	Aussichtspunkt
səkhàn	Camp
səkhàntschȧ	campieren
schȕkhìn	Landschaft
pa'wìntjin	Umwelt
deðȧ	Region
tò	Wald, Land (nicht Stadt)

tònä'	Urwald, Dschungel
taun	Berg
taunthai'	Gipfel
tjau'taun	Felsen
lwinbjin	Tal
gu	Höhle
jedəgun	Wasserfall
jegada	Staudamm
mji', tschaùn	Fluss, Bach
schùn/ nun	Lehm / Ried
ðằ	Sand
jegan	See, Weiher
mjedjì	Erde

ði'pin nả tərai'shan – Flora und Fauna

ði'pin	Baum
tschounbou'	Busch
nwä pin	Kletterpflanzen
ði'khwả	Orchideen
ði'jwä'	Blatt
pinzi	Stamm
ði'khau'	Rinde
ði'keìn	Zweig
əmji'	Wurzel
mjä'	Gras
mjä'khìn	Wiese
mjedjì	Boden

Es gibt in myanmarischen Dschungel unzählige Arten von Tieren und Vögeln. Hier nur eine kleine Auswahl der bekanntesten Tierarten:

tjà	Tiger
shin	Elefant
tjəði'	Leopard
wä'wun	Bär
tòwä'	Wildschwein
mwe	Schlange
mjau'	Affe
mïdjaùn	Krokodil
joun	Hase
tjwä̀	Büffel
nwà	Rind
mjìn	Pferd
shai'	Ziege
ainmjaun	Eidechse
tau'tä̀	Gecko
tjwä'	Ratte
phà	Frosch
tschin	Moskito
jingaun	Fliege

Pinlä hma – Am Meer

pinlä	Meer
ðəmou'dəja	Ozean
kàndje	Strand
mji'shoun	Flussmündung
mji'kàn	Flussufer
mji'kwè	Flussbiegung
kànmjaun	Bucht
ðaunbjin	Sandbank
tjùnzwä	Halbinsel
əngu	Kap

tjùn	Insel
ðanda	Koralle
jengou'	tauchen, schnorcheln
jekù	schwimmen
ngà	Fisch
ngàphàn	fischen
ngàphànhle	Fischerboot
ngàhmjà	angeln
ngəhmjàdan	Angelrute
təngaðä	Fischer (Beruf)
təngajwa	Fischerdorf

Landwirtschaft

In Myanmar sind immer noch ca. 70% der Bevölkerung in der Landwirtschaft beschäftigt. Folgende Vokabeln helfen dabei, das echte, ursprüngliche Leben auf dem Lande näher kennen zu lernen.

lä-əlou'	Feldarbeit
zəbà	Reispflanzen
taunjazəbà	Bergreis
zəbàkhìn	Reisfeld
läðəmà	Bauer
läðumà	Bäuerin
läthun	Bestellen
läsei'	bepflanzen
läjai'	ernten
taunpoðà	Bergvölker
sei'pjòòjè	Landwirtschaft

Campieren

Myanmar ist ein ideales Land für Bergtouren und Expeditionen. Dafür bieten sich in manchen Bundesstaaten, wie Shan, Chin und Kachin, faszinierende Möglichkeiten und Voraussetzungen. Wenn man zu einer solchen Reise aufbricht, sind die folgenden Begriffe und Wörter von Nutzen:

səkhàn	Camp
tȁ (ain)	Hütte
nànesəkhàn	Rasthaus
səkhàn-tscháneja	Campingplatz
òò / khwä'	Topf / Teller
tjòpòò-ai'	Rucksack
bä'təri	Batterie(Auto)
da'mì	Taschenlampe
mìdji'	Feuerzeug
ai'shaundà	Taschenmesser
tjòò	Seil, Schnur
da'khȁ	Batterie
tjòò pəkhä'	Liegematte, Hängematte
su'ai'ja	Schlafsack
əkhìn	Liegematte
phja	Strohmatte
əmòò	Dach
dà	Messer
mì	Feuer
mìbounbwȁ	feuerfest

Zu Gast sein

Die Myanmaren sind sehr gastfreundlich. Sie lassen ihre Gastfreundlichkeit daran erkennen, dass die ganze Familie sich um das Wohl des geladenen Gastes kümmert. Alle Familienmitglieder sind neugierig und freuen sich darauf, den Fremden kennen zu lernen. Im Allgemeinen erstattet jeder jedem einen Besuch ohne Anmeldung. Keiner nimmt es übel, wenn dadurch Unbequemlichkeiten entstehen. Ideal ist natürlich, wenn man eingeladen wird. In der Regel braucht der Gast nichts mitzubringen, außer guter Laune und viel Hunger. Dennoch kann man den Kindern, wenn welche da sind, eine Freude machen, indem man ihnen Bonbons oder Kugelschreiber schenkt. Der Gastgeberin Blumen zu schenken, wie in Deutschland, ist nicht erforderlich. Bevor man das Haus oder die Wohnung des Gastgebers betritt, zieht man normalerweise Schuhe oder Sandalen aus. Ein fremder Gast wird oft gebeten, sie anzulassen, dann kann er es ruhig tun (bis auf den Ehrenplatz mit Buddha-Figuren). Ältere Familienmitglieder, besonders Großeltern und Eltern, hat man respektvoll zu begrüßen. Dabei ist Händeschütteln nicht gebräuchlich. Unter gleichaltrigen Männern kann man es ruhig tun. Frauen und Senioren gegenüber wird eine einfache Begrüßung mit freundlichem Lächeln genügen.

tjəno khinbjàdȯȯ ain goo la lä djin badä.
ich(m) Sie(Mz) Haus zu kommen besuchen möchten höfl.-Geg.
Ich möchte Sie gerne zu Hause besuchen.

lamả sənenė khinbjà ba lou' səja schï lả?
kommenden Samstag Sie was machen zu haben ?
Was haben Sie am kommenden Samstag zu tun?

khinbjà gù tənìngənwe à là?
Sie jetzt Sonntag frei Ent.-?
Haben Sie frei am nächsten Sonntag?

tjənodȯȯ ain goo thəmìn sà tjwȧ ba.
wir(m, Mz) Haus zu Reis essen kommen höfl.-Auff.
Wir wollen Sie bei uns zu Hause zum Essen einladen.

phai'tjà da əmjàdjì wùnða badä, tjèzùbabả, tjəno la bamä.
einladen für viel froh höfl.-Geg. danke ich kommen höfl.-Zuk.
Die Einladung freut mich sehr, danke, ich werde kommen.

la hnein jin täliphoùn shä' lei'pa.
kommen können wenn Telefon verbinden höfl.-Auff.
Wenn Sie kommen können, bitte rufen Sie uns an.

la ba, la ba, tjwȧ ba khinbja/schin.
kommen Auff. kommen Auff. höfl.-kommen Auff. Sie
Bitte kommen Sie, Herzlich willkommen.

hou'kả laläjȧ da əmjàdjì tjèzùtin badä.
stimmt besuchen-dürfen für viel danken höfl.-Geg.
Danke, ich danke Ihnen vielmals für die Möglichkeit, Sie zu besuchen.

ainschin/mȧ	Gastgeber/in, Hausherr/in
ȁðä	Gast
phai'tjà	einladen
phai'tjàdjìn	Einladung
əläla	besuchen
tschaìn-thà	Verabreden /-ung
ȧlapȧðȧlapȧ pjò	plaudern
əkhwïn-əjè	Chance
əkhwïn-əkha	Gelegenheit, Anlass
pjobwȁ	Feier
pjobwȁ-tjìnpȧ	feiern
mwènė	Geburtstag
mwènė-əkhàn-ənà	Geburtstagsfeier
mingəla shaun	heiraten
mingəla-əkhàn-ənà	Hochszeitsfeier
lä'shaun	Geschenk
tjwȧba, tjoozoo badä	Willkommen!
ȧðübȧ	Trauer
ȧðübȧ-əkhàn-ənà	Trauerfeier

Herzensangelegenheiten & Romantik

Myanmaren sind sehr scheu, wenn es um Liebesangelegenheiten geht. In der Öffentlichkeit vermeiden sie Zärtlichkeiten, sowohl körperlich als auch verbal.

Wenn man in die Situation gerät, Liebesbedürfnisse zu bezeugen, ist folgender Wortschatz ins Ohr zu flüstern.

tschi'	lieben
ətschi'	Liebe
mji'ta	Liebe
ngàja-hnəshǻschi'-mji'ta	528-Liebe (platonisch)
tə thȧun ngàja-mji'ta	1500-Liebe (heiße Liebe)
(Fragen Sie mich bitte nicht, wie die Myanmaren auf diese Zahlen gekommen sind!)	
tjei'	mögen
moȯun	hassen
jìzà	Geliebte/ Geliebter, Lover
tschi'ðu	Geliebte/r
tschi'jèshoo	Liebeswerben, buhlen
ətschi'na-tjȧ	Liebeskummer
ətwǻ / zoundwǻ	Pärchen
khòòpjè	durchbrennen
sė za'	verlobt sein
mingəla-shaun	heiraten
pjàjezàn-khəjì / hànìmùn *(engl.)*	Flitterwochen
gəbja-shan	poetisch
lwànbȯȯkaȯun	romantisch
tjinna	zärtlich sein, Zärtlichkeit
jȯjȧ	behutsam sein
ði'sa schï	treu sein
phau'pjan	untreu sein
tòðu/ tòðà	Dorfmädchen /-knabe
pjïdəza	Prostituierte
phaðä(mȧ)	Hure (vulgär, auch Schimpfwort!)
maȯinməscha	Transvestit, Tunte
jau'tjəscha	Lesbe
ətschau'	Schwuler

koo mìn goo tschi' tä.
ich(m) du zu lieben Geg.
Ich liebe dich.

nga mìn goo tjei' tä.
ich du zu mögen Geg.
Ich mag dich.

tjəmȧ lȁ schï n goo mji'ta schï padä.
ich(w) auch Sie zu Liebe haben Geg.
Ich liebe Sie auch.

koo mìn goo lwàn dä.
ich(m) du zu vermissen Geg.
Ich vermisse dich. Du fehlst mir.

tjəmȧ schïn goo ðədï jȧ dä.
ich(w) Sie zu vermissen Geg.
Ich vermisse Sie.

Frauen nennen ihren Mann oder Freund **maung** (für einen gleichaltrigen oder wenig älteren oder jüngeren) und **kookoo** für einen älteren Partner.

Die Männer nennen meist ihre Allerliebste mit einem Spitznamen, den sie aus deren echtem Namen als eine Verniedlichung abgeleitet haben.

Krank sein

In den Großstädten wie Yangon oder Mandalay gibt es relativ gute medizinische Betreuung. Die meisten Ärzte sprechen gut Englisch. Im Allgemeinen sind die medizinischen Behandlungen in städtischen Krankenhäusern kostenlos. Allerdings sind die Bedingungen dort für Europäer nicht ideal. Deshalb ist es für Touristen ratsam, gut aufzupassen, insbesondere mit Wasser, Köstlichkeiten von Garküchen und überreifen Früchten. Malariaprophylaxe und andere Medikamente wie gegen Durchfall mitzunehmen, ist empfehlenswert. Wenn man trotz all dieser Maßnahmen krank werden sollte, sind einem die folgenden Vokabeln und Sätze behilflich.

Es gibt übrigens auch einheimische traditionelle Heilungsmethoden, durch Kräuter, Salben, Massagen und tierische Präparate. Allerdings sind Wirkung und Erfolgschancen in ernsteren Situationen leider oftmals ziemlich gering.

shəjawun	Arzt
shègàn	Klinik
shèjoun	Krankenhaus
ðunapjùkà	Ambulanz
ðunapjù shəjamȧ	Krankenschwester
tjä'tscheni	Rotes Kreuz
schè-ù-ðunapjù	Erste Hilfe
ðwàshəjawun	Zahnarzt

tjànmajè	Gesundheit
neməkaùnbù	kranksein
gaùnkei'	Kopfschmerzen
wùnschò	Durchfall
bei'na	Bauchschmerzen
phjà / koopu	Fieber haben
na	Schmerzen
tschwèthwä'	schwitzen
tschaùn-shòò	husten
ðwè thwä'	bluten, Blutung
luna	Patient
sànða'	untersuchen
pjùzù	pflegen
kùðà	behandeln
shè	Medikament
shèloùn	Tabletten
shèbjà	Pille
laìnshè	Salbe
thòòshè	Spritze, spritzen
pjau'shè	Medikament
əshai'	Gift
shèshein	Apotheke
shèsà	Medikament einnehmen
shèthòò	Spritze
khwȁ-sai'	Operation, operieren
mèshè	Narkose
thounshè	Betäubungsspritze, Betäubungsmittel
ai'shè	Schlafpille, Schlafmittel
əna-pjau'shè	Medikament
pa'tì	Verband, Bandage
tjau'pa'tì	Gips
pəlasəta	Leukoplast

gùn	Watte
pjədàdei	Thermometer
əjä'pjan	Spiritus
ka'tjì	Schere
a'sei'	Akupunktur

tjəno ne mə kaùn bù.
ich(m) leben nicht gut nein.
Mir(m) ist schlecht, ich bin krank.

di nà hma shègàn/ shəjawun schï là?
dies in-der-Nähe an Klinik / Arzt haben Ent.-?
Gibt es hier in der Nähe einen Arzt / eine Klinik?

ðwàkei' pjau' shè schï là?
Zahnschmerzen heilen Medikament haben Ent.-?
Haben Sie Medikamente gegen Zahnschmerzen?

bei' na ne dä.
Magen schmerzen gerade Geg.
Ich habe Bauchschmerzen.

gaùn kei' ne dä.
Kopf schmerzen gerade Geg.
Ich habe Kopfschmerzen.

tscholå lòò tschedau' na ne dä.
rutschen wegen Fuß Schmerzen gerade Geg.
Es tut mir am Fuß weh, weil ich ausgerutscht bin.

Arm	**lä'maùn**
Auge	**mjä'sï**
Bein	**tschethau'**

Krank sein

Brustkorb	**jingaùn**
Brüste	**jinba'**
Darm	**bei'**
Gelenk	**əshi'**
Genitalien	**lain-inga**
Hals	**läbìn**
Hand	**lä'**
Haut	**əjebjà**
Herz	**hnəloùn**
Knie	**dùshi'**
Knochen	**əjòò**
Leber	**əðả**
Lunge	**əshou'**
Magen	**bei'**
Mund	**bəza'**
Muskel	**tjwä'ðà**
Nase	**hnəkhaùn**
Nerv	**ajountjò**
Ohr	**nəjwä'**
Rücken	**tjò**
Schulter	**pəkhoùn**
Zahn	**ðwà**
Zeh	**tschetschaùn**
Zunge	**scha**

wàn	Stuhl
shì, ðè	Urin
tschwè	Schweiß
ðəlai'	Speichel
ðwè	Blut
jòga	Krankheit

ðu tschethau' kwȁ ðwà lȯȯ ðwèthwä' ne dä
er /sie Fuß platzen gehen wegen bluten gerade Geg.
Er /sie blutet am Fuß aus der Platzwunde.

tjəno phjà ne dä.
ich(m) Fieber gerade Geg.
Ich habe Fieber.

tjəmȧ ə-è mï ne dä.
ich(w) Kälte fangen gerade Geg.
Ich (w) bin erkältet.

nga an dä.
ich erbrechen Geg.
Ich übergebe mich.

mìn wùnschò ne dä.
du Durchfall gerade Geg:
Du hast Durchfall.

hoo lu əjòòtjòò ðwà dä.
jene Mensch Knochen-brechen gehen Geg.
Jener Mensch hat sich Knochen gebrochen.

ðəphoùn jaun ne dä.
Zahnfleisch entzünden gerade Geg.
Ich habe eine Zahnfleischentzündung.

ðù lä'-əshi' lwȁ ðwà dä.
er/sie Hand- Gelenk verrenken gehen Geg.
Sein / ihr Handgelenk ist verrenkt.

hngä'phjà jòga	Malaria
wùn jòga	Cholera
əðầjaun jòga	Hepatitis
wùnkei' jòga	Ruhr
u-jaun-ngànphjà jòga	Typhus
kinsha jòga	Krebs
hnəloùn jòga	Herzkrankheit
əðầ jòga	Leberkrankheit
əshou' jòga	Lungenkrankheit

əthwe-thwe-jògamjà – Beschwerden

shì-tschoo	Diabetes
pànna-jintja'	Asthma
kaláðà jòga	Geschlechtskrankheiten
tou'kwè	Grippe
khwèkei'	Hundebiss
mwekei'	Schlangenbiss
kìnkei'	Skorpionbiss
tschaùnshòò	Husten
əjòòtjòò	Knochenbruch
tjwä'tä'	Krampf (Muskel)
khwèjùpjan	Tollwut
mìlaun	Verbrennung
lethá	Blähungen
ə-è mï	Erkältung
phjà	Fieber haben
ðədïli'	Ohnmacht
na	Schmerzen haben
danjajá	Wunde, Verletzung
pinbàn	übermüdet sein
mò	Schwäche, Erschöpfung

ànȧ̀	schwach sein
mù	schwindelig
koowun-schï	schwanger sein
jà	Jucken, Allergie
shèswȧ̀	drogenabhängig
ja ði u̇ du̇ nȧ̀ mə tȧ̀	Klima nicht vertragen

tjənȯ goo di shè thòò pèba.
mein(m) zu dies Medikament spritzen höfl.-Auff.
Bitte geben Sie mir diese Spritzen.

ကျသင့်တဲ့ငွေကို ဘောင်ချာရေးပေးပါ။
အာမခံဌာနမှာ ပြန်တောင်းရမယ်။
tjȧðïn dȧ́ ngwe goo bauntscha jè pèba
amȧganthanȧ hma pjan taùn jȧ mä.
Kosten Attribut Geld zu Rechnung schreiben höfl.-Auff.
Versicherungsanstalt an zurück verlangen müssen Zuk.
Geben Sie mir die Rechnung für die Versicherung, bitte.

Fotografieren

In der Regel freuen sich die Myanmaren und sind sogar stolz darauf, fotografiert zu werden. Sie fühlen sich dabei wichtig bzw. interessant, weil sie die Aufmerksamkeit von Fremden gefunden haben. Dennoch ist es ratsam, höflich zu fragen. Wenn man anbietet, nachher die Fotos zuzuschicken, könnte es gelegentlich zu einer Freundschaft kommen. Obwohl manche

Myanmaren ziemlich scheu sind, fangen alle bei der Aufforderung zu posieren zu lächeln oder lachen an. Inzwischen sind auf großen Pagoden und Tempeln Fotogebühren zu bezahlen. Man darf im Allgemeinen alles fotografieren, außer Flughäfen und Regierungsgebäuden.

da'pounjei' lòòjà là?
fotografieren dürfen Ent.-?
Darf ich (Sie) fotografieren?

tjənodòò àloùn goo da'pounjei' pè hnein mə là?
wir(m, Mz) alle zu fotografieren geben können werden Ent.-?
Können Sie von uns allen ein Gruppenfoto machen?

di neja hma da'pounjei' lòò jà là?
dies Platz an fotografieren zu können Ent.-?
Ist Fotografieren hier erlaubt?

pìbi, tjèzùbâ — lai'sa pè jin da'poun pòò pè mä.
fertig, danke – Adresse geben wenn Foto schicken höfl.-Zuk.
Fertig, Danke. Ich schicke Ihnen die Bilder, wenn Sie mir Ihre Adresse geben.

da'poun	Foto
da'pounjei'	fotografieren (Foto schlagen)
kinməra	Kamera
phəlin	Film
bidijookinməra	Videokamera
khùjei'khùjà kinməra	Sofortbild-Kamera
(jetzt-schlagen-jetzt-bekommen Kamera)	

hmanpjaùn	Objektiv
pounkù	entwickeln
mì	Blitz
da'pounshəja	Fotograf
əhlápoun	Portrait
leisinpoun	Passfoto
schùkhìnpoun	Landschaft
ðəbawápoun	Naturfoto

Toilette

Toiletten sind in Myanmar selten gekennzeichnet. In Hotels und öffentlichen Institutionen gibt es Damen- und Herrentoiletten, die natürlich international verständlich gekennzeichnet sind, d. h. entweder in Englisch oder Symbolen. Falls Sie in eine Veranstaltung oder Versammlung geraten, wo nur Einheimische sind, sehen Sie möglicherweise für Damen und Herren folgende Bezeichnungen.

tjà Herren	ကျား		**má** Damen	မ

Dabei sollte man Papier-Taschentücher nicht vergessen. Außer in internationalen Hotels gibt es in Myanmar vorwiegend Toiletten asiatischen Stils zum Hocken. Auf dem Land hingegen kann (manchmal muss) man sein kleines und auch großes Geschäftchen im Gebüsch verrichten.

Toilette

nau'phè ðwà djin dä.
hinter gehen möchten Geg.
Ich möchte gerne raus zur Toilette gehen.

ainða bähma schï lå̀?
Toilette wo haben ?
Wo ist die Toilette?

ainða sä'ku schï là, pè ba.
Toiletten Papier haben Ent.-? geben Auff.
Gibt es Toilettenpapier? Geben Sie es mir bitte.

lä' shè djin dä.
Hand waschen möchten Geg.
Ich möchte mir gerne die Hände waschen.

je schï là?
Wasser haben Ent.-?
Gibt es Wasser?

sha'pja lå̀ pè ba.
Seife auch geben Auff.
Geben Sie mir auch Seife, bitte.

Dringende Hilferufe

thïkhei'hmu̇ phji' lȯȯ!
Unfall passieren Auss.
Ein Unfall ist passiert!

Kunji ba!
helfen höfl.-Auff.
Hilfe!

... phji' lȯȯ. *... passieren dass*	... ist passiert.
jan phji'lȯȯ ba.	Es gab eine Schlägerei.
əlu̇ khanjȧlȯȯ ba.	Es gab einen Überfall.
... əkhȍȍ khanjȧlȯȯ ba.	... wurde gestohlen.

ðu-na-pju̇-kà kho pèba.
Krankenwagen holen höfl.-Auff.
Rufen Sie bitte einen Krankenwagen!

jả kho pèba.
Polizei holen höfl.-Auff.
Holen Sie bitte die Polizei!

shəjawun kho pèba.
Arzt holen höfl.-Auff.
Holen Sie bitte einen Arzt!

mətotəshȧhmu̇	Unfall
thïkhei'hmu̇	Unfall mit Personenschaden
luðehmu̇	Todesfall

khwè / mwe əkei' khanjȧlȯȯ
Hund/Schlange gebissen worden-sein
Ich bin / Jemand ist von einem Hund / einer Schlange gebissen worden.

tjəno djaməni / osətria / swi'salan / gȧ ba.
ich(m) Deutschland / Österreich / Schweiz von Auss.
Ich komme aus Deutschland / Österreich / der Schweiz.

khəbei'hnei' khanjȧlȯȯ ba.
Taschendieb bestohlen worden-sein Auss.
Ein Taschendieb hat mich (/uns) bestohlen.

əlu̇ khanjȧlȯȯ ba.
beraubt worden-sein Auss.
Ich bin / wir sind beraubt worden.

tjəno /tjəmȧ ngwe / pa'spȯȯ pjau'-ðwà-lȯȯ ba.
ich(m/w) Geld/Reisepass verloren-gegangen-sein Auss.
Ich habe mein Geld / meinen Reisepass verloren.

jȁsəkhàn bähma schï lȁ?
Polizei wo haben ?
Wo ist die Polizei ?

shəjawun bähma schï lȁ?
Arzt wo haben ?
Wo gibt es einen Arzt?

ku nji ba, mjan mjan!
Hilfe! Schnell, schnell!

je pè ba, ðau'je pè ba.
Wasser geben Auff. Trinkwasser geben Auff.
Geben Sie mir Wasser, Trinkwasser bitte.

täliphoùn schï là?
Telefon haben Ent.-?
Gibt es hier ein Telefon?

djaman ðanjoùn goo əjàuntjà pèba.
deutsche Botschaft zu informieren höfl.-Auff.
Informieren Sie die deutsche Botschaft darüber, bitte.

Bank, Post und Ämter

In der Regel versteht das Personal Englisch, denn viele Fachbegriffe in diesen Bereichen sind Überbleibsel aus der Kolonialzeit.

Wenn dies nicht der Fall ist, oder wenn man in irgendeinem Gespräch davon erzählen will:

ban	Bank
ngwe	Geld
pei'shan	Geld
ngwesä'ku	Geldschein
ətjwe	Münzen
tschä'lä'hma'	Scheck
ti si (T.C)	Reisescheck
ngwelȁ	Geld tauschen
ngwelȁhnoùn	Tauschkurs
ngweðoùn	Geld ausgeben
ngweðwin	einzahlen
ngwethou'	abheben
tja'	**kyat** (Landeswährung)
juroo	Euro
dola	Dollar
pȯȯsəka'	Postkarte
sadei'	Post
sa	Brief
sa-ai'	Briefumschlag
dəzai'gaùn	Briefmarke
pashä	Paket
sapȯȯkhȧ	Postgebühr
tjènàn	Telegramm
täliphoùn	Telefon

täliphoùnshä'	telefonieren
phoùnnanba'	Telefonnummer
səjè /	Postangestellter/
səjèmȧ	Postangestellte
əlètschain	Gewicht
täliphoùnkhȧ	Telefongebühr
fexpȯȯ	faxen
əmjansa	Eilbrief
bauntscha	Rechnung, Beleg
hma'pountin	Einschreiben
amȧkhan	Versicherung
ìmèl	E-Mail

thanȧmjà – Ämter

wundjì-thanȧ	Ministerium
luwinhmu̇-tjìtja'jè-thanȧ	Einwanderungs-behörde
əkau'khun-thanȧ	Zollamt
nei'ngan-djàjè-wundjì-thanȧ	Auswärtiges Amt
əjaschï	Beamter
neinngan-kùlä'hma'	Reisepass
pa'spȯȯ	Reisepass *(engl.)*
biza	Visum
ðanjoùn	Botschaft
ðan-əma'tjì	Botschafter
ətwìnwun	Sekretär
hma'pountin	Ausweis
djaman ðanjoùn	deutsche Botschaft
jòòdəjà ðanjoùn	thailändische Botschaft
indïjȧ ðanjoùn	indische Botschaft
təjou'ðanjoùn	chinesische Botschaft

djamǝni goo sapȯȯkhȧ bälau' lȁ?
Deutschland nach Postgebühr wieviel ?
Wie viel kostet der Brief nach Deutschland?

bälau' tja lȁ?
wieviel dauern ?
Wie lange dauert das?

dǝ pa'/ shä jä' tja badä.
eins Woche / zehn Tag dauern höfl.-Geg.
Es dauert 7 bis 10 Tage.

sa goo hma'pountin pèba.
Brief zu einschreiben höfl.-Auff.
Als Einschreiben bitte.

u̇jȯpȧ goo phou̇nshä' jin bälau' tjȧ mǝ lȁ?
Europa nach telefonieren wenn wieviel kosten werden ?
Wie viel kostet telefonieren nach Europa?

imèl pȯȯ lȯȯ jȧ dȁ neja schï là?
E-Mail schicken zu können Attribut Platz haben Ent.-?
Wo kann man E-mailen?

tja' / dola nȁ pè lȯȯ jȧ là?
Kyat/Dollar mit bezahlen zu können Ent.-?
Kann man mit Kyat/Dollar bezahlen?

Nichts verstanden? Weiterlernen!

မြန်မာလို နဲနဲဘဲ တတ်တယ်။
mjanma loo nằnằ bằ ta' tä.
Myanmar auf wenig nur können Geg.
Ich kann nur ein bisschen Myanmarisch.

ဖြည်းဖြည်းပြောပါ။
phjèphjè pjò ba.
langsam sprechen Auff.
Sprechen Sie bitte langsam.

ခင်ဗျားပြောတာ နားမလည်ဘူး။
khinbjà pjò da nà mə lä bù.
Sie sprechen dass nicht verstehen nein.
Ich(m) verstehe nicht, was Sie sagen.

အကုန်နားမလည်ဘူး။
əkoun nà məlä bù.
alles nicht verstehen nein
Ich verstehe nicht alles.

nà məlä ðè bù.
verstehen nicht noch nein
Ich verstehe immer noch nicht.

နားလည်ပြီ။
nàlä bi.
verstehen fertig-sein
Jetzt verstehe ich.

နားလည်တယ်။
nàlä dä.
verstehen Geg.
Ich verstehe.

သိတယ်။
ðï dä.
wissen Geg.
Ich weiß.

မှန်တယ်။
hman dä.
richtig Geg.
Richtig.

မှန်တာပေါ့။
hman da pò.
richtig dies Auss.
Das ist richtig.

ကောင်းပါဘီ။
kaùn babi.
gut höfl.-Perf.
Alles klar.

Schimpfen und Fluchen

Wie überall, gibt es auch in Myanmar Schimpfwörter, um Unzufriedenheit und Empörung loszuwerden. Aber, so wie Mentalitäten unterschiedlich sind, sind es auch die Ausdrücke. Es gibt zwei Arten von Beschimpfungen. Die eine bezieht sich auf sehr vulgäre sexuelle Begriffe, die ausschließlich von einer geringen Zahl von Männern benutzt werden. Es ist unter normalen Umständen höchst unwahrscheinlich, dass ein Fremder solche Wörter zu hören bekommt. Als Gast sollte man sich auch nicht auf dieses Niveau begeben!

Die zweite Art beschränkt sich auf eine relativ harmlose Wortwahl. Für diese Beschimpfungen werden die Namen der Tierwelt angeführt, um den mangelhaften Charakter des Betroffenen darzustellen:

khwè gaun	blöder Hund	
khwèmȧ	Hündin	
wä'	Schwein	*(sehr unhygienisch)*
nwà	Rind	*(dumm, naiv)*
nəmȧ	blöde Kuh	
lədȧ	Geier	*(ekelhaft und muffelig)*
phjan	Biber	*(Spitzbube, Schlawiner)*
ngəpò	Dummkopf	
ngətjaun	Idiot	
əjù	Verrückter	
ðedjìnzòò	Verfluchter	
ðedjìnzòòmȧ	Verfluchte	

Wörterliste Deutsch – Myanmarisch

Diese Wörterliste enthält ca. 1000 Einträge, mit denen man im Reisealltag schon eine ganze Menge anfangen kann.

Natürlich kann sie kein Wörterbuch ersetzen. Dieses besorgt man sich am besten vor Ort.

A

Abend **njȧne**
Abendessen **njȧneza**
aber **dabemä̊**
abfahren **thwä'khwa**
abfliegen **sȧpjan**
abreisen **khəjìsȧthwä'**
abschleppen **shwä̊**
Adresse **lai'sa**
Alkohol **əjä'**
allein **təjau'thä̊, təkhuthä̊**
alles **əkoun, àloùn**
als (zeitl.) **dȯ**
als (Vergleich) **thä̊poo**
alt (nicht jung) **oo**
alt (nicht neu) **haùn**
Alte(r) **ludjì**
Alter (Lebens-) **əðä'**
Andenken **əhma'təjȧ**
anfangen **sȧ**
Angestellte(r) **əhmuthàn**
Angst **tjau'**
anhalten **tà, ja'**
ankommen **jau'la**
Ankunft **jau'ladjìn**
Antwort **əphje**
antworten **phje**
Apotheke **shèshein**
arbeiten **əlou'lou'**
Arbeiter(in) **əlou'ðəmà(mȧ)**
arm **shìnjä̊**
Arzt **shəjawun**
auch **lä̊**
auf **hma**
Aufenthalt **netheindjìn**
aufhören **ja'**
aufstehen **thȧ**
aufwachen **nòò**
aus **gȧ**
Ausfuhr **thwä'koun**
Ausgang **thwä'pau'**
ausgezeichnet **pjȧthà, əthùkaùn**
Auskunft **pjantjàjè**
Ausland **neinngandjà**
Ausländer **neinngandjàðà**
ausländisch **neinngandjànä̊shein**
Ausreise **pjipȧkhəjì**
Aussprache **əðanthwä'**
aussteigen **shìn**
Ausstellung **pjȧbwä̊**
Ausweis **lä'hma'**
ausziehen **pjaùn, tschu'**
Auto **kà**
Autowerkstatt **kàpjinsä'joun**

B

Badeanzug **jekùwu'soun**
Badehose **jekùboùnbi**
baden **jetschòò**
Badezimmer **jetschòòkhàn**
Bahnhof **butajoun**
Bahnsteig **zìntjan, pəlä'phaùn**
bald **mətjagin**
Bank (Geld) **ban**
Bargeld **pei'shan**
Batterie **da'khä̊**
Bauen **shau'**
Bauer **läðəmà**
Baum **ði'pin**
beeilen, sich **əmjanlou'**

beenden **əpìlou'**
begleiten **lei'pòò**
begrüßen **hnou'shä'**
behandeln (Krankh.) **kú, kúðá**
Behörde **anabein**
bei **hma, nä̀, schihma**
Beispiel **úbəma**
bekanntmachen, sich **ðïaunlou'**
beleidigen **sogà**
benachrichtigen **ətjaùntjà**
Benzin **da'shi**
Berg **taun**
Beruf **əlou'**
berühmt **tjotjà**
beschweren, sich **tein**
besichtigen **tjï**
Besitzer **peinschin**
besser **pookaùn**
bestellen **hma**
Bestellung **əhma**
bestrafen **əpji'pè**
Besuch **lä**
besuchen **əläla**
betrügen **lain, nja**
betrunken **mù**
Bett **ai'ja**
Bettzeug **ai'jakhìn**
bevor **məteingin**
Beweis **ðä'ðe, əthau'əthà**
bezahlen **pè, pei'shanpè**
Bier **bija**
Bild **poun**
billig **zèpò**
Binde **shä'**
bis **əthï**
bisschen **nä̀nä̀**
Bitte **taùnban, tjèzùpjújwé**
bitten **taùnban**
Blatt **əjwä', sajwä'**
bleiben **ne**
Bleistift **khä̀dan**
Blume **pàn**
Boot **hle**
Botschaft (dipl.) **ðanjoùn**
Brand **mì**
Brauch **thoùnzan, jòòja**
brauchen **loo**
breit **tjä**
brennen **mìlaun**
Brief **sa**
Briefmarke **dəzai'gaùn**
Briefumschlag **sa-ai'**
Brille **mjä'hman**
bringen **pòò**
Brot **paunmoú**
Brücke **dədà**
Bruder **əkoo, nji, maun**
Brust (weibl.) **jin**
Brust(korb) **jinba'**
Buch **sa-ou'**
buchen **hma, wä**
Buchstabe **saloùn**
bunt **jaunzoun**
Burg **jä̀dei'**
Bürger (Staats-) **neinganðà, lumjòò**
Büro **joùn**
Bus **ba'skà**
Chauffeur **kàmaùnðəmà, kàshəja**
Chef **shəja**

D

da **dihma, hoohma**
Dach **ainkhaunmòò**
damit **danä̀**
danach **dïnau', dapì**
danke **tjèzù**
danken **tjèzùtin**
dann **dashoojin**
darum **datjáun**
dass **lòò, jin**
Datum **nèzwä̀**
dauern **tja**
Decke (Bett) **saun**
dein/e **mìn, mìnjä̀**
denken **thin, twè**
Denkmal **əthaìnəhma'**
deshalb **datjáun**
deutsch **djaman**
Deutsche(r) **djaman**
Deutschland **djaməni**
Dialekt **deðázəgà**
dick **wá**
Diebstahl **khòòhmú**
Dies **da**
diese(r, s) **da**
Ding **pji'sì, ou'sa, ha**
Diskothek **diskoo**
Dokument(e) **sajwä'sadàn**
Dolmetscher **zəgəbjan**
Dorf **jwa**

dort **hoohma**
dorthin **hoogoo**
dringend **əmjan**
du **mìn**
dumm **ȧ, njȧn**
dunkel **hmaun**
dünn **pain**
durch (hindurch) **phau', phja'**
Durchfall **wùnschò**
dürfen **lȯȯjȧ, khwïnschï**
Durst (haben) **jenga'**

E

echt **si', əsi'**
Ehefrau **zənì, màinmȧ**
Ehemann **khinbùn, jau'tjà**
Ehepaar **linməjà**
Ei **ù**
Eigentum **koobein**
einander **təjau'nặtəjau'**
Einbruch **phau'thwìnhmù**
einfach **lwä**
Einfuhr **ðwìnkoun**
Eingang **winbau'**
einige **tətschȯȯ**
einladen **phai'tjà**
Einladung **phai'tjàdjìn**
einmal **təkha**
einsteigen **tä'**
eintreten **winla, phjïla**
einverstanden **ðəbòtu**
Einwohner **əja'ðà**
Eis (Speise-) **jegặmoủn**
Eisenbahn **jəthàlàn**
Eiter **pji**
Eltern **mïbȧ**
empfangen **tjoozoo, lä'khan**
empfehlen **ətjanpè**
Ende **əshoùn**
eng **tjìn**
englisch **Ìngəlai'**
Enkel(in) **mjè(mȧ)**
entscheiden **shoùnpja'**
entschuldigen, sich **taủnban**
er **ðu**
Erde **gəba, mjedjì**
Ereignis **əphji'əpjä'**
Erfolg **aunmjinhmủ**
erhalten **jȧschï**
erholen, sich **kaủnla, ðä'ða**
erinnern, sich **əhma'jȧ, ðədïjȧ**
erkältet sein **əèmï**
erklären **schìnpjȧ**
erlauben **khwïnpè**
Erlaubnis **khwïnpjủdjä'**
Ermäßigung **əthùhnoùn**
Ersatzteil **əpoopji'sì**
erzählen **pjòpjȧ**
essen **sà**
Etage **ətha'**
etwa **khȧn, lau'**
etwas **tətschȯȯ, nặnặ**
euer/e **mìndȯȯ, mìndȯȯjặ**

F

Fabrik **sä'joun**
Faden **a'tschi**
Fähre **ðìnbò**
fahren **ðwà, kàmaủn**
Fahrkarte **lä'hma'**
Fahrplan **ətschainsəjìn**
Fahrpreis **lä'hma'khȧ**
Fahrrad **sä'bàin**
Fahrzeug **kà**
falsch **hmà**
Familie **mïðàzủ**
Familienname **mïðàzủnamä**
Farbe **əjaun**
Farbfilm **jaunzounjou'shin**
faul (träge) **pjìn**
faul (Obst) **pou'**
Fehler **əhmà**
Feier **pjobwặ**
feiern **pjobwặlou'**
feilschen **zèshi'**
Feld **lägwìn**
Fenster **pjədìnbau'**
Ferien **àla'jä'**
fern **wè**
Fernsehgerät **tälibi'schìn**
fertig **pì (bi)**
fest **khein**
Fest **pwặ**
feucht **soo**
Feuer **mì**
Fieber **phjȧ, koopu**
Film **jou'schin**
finden **twė**

Finger **lä'tschaùn**
Fisch **ngà**
Flasche **pəlìn**
Fleisch **əðà**
fleißig **tjòòzà**
fliegen **pjan**
flirten **zəgàpjò, phan**
Flughafen **lezai'**
Flugticket **lemjanlä'hma'**
Flugzeug **lemjan**
Fluss **mji', tschaùn**
Folklore **teìnjìnðàðətschìn**
Formular **pounzan**
Fotoapparat **kinməra**
Fotografie **da'pounpjinnja**
fotografieren **da'pounjei'**
Frage **mèkhùn**
fragen **mèkhùnmè**
Frau **əmjòòðəmì**
Fräulein **maìngəlè**
frei **à**
fremd **saìn**
freuen, sich **wùnða, pjo**
Freund(in) **jìzà, ðəngädjìn**
freundlich **phojwe**
Freundschaft **jìnhnìhmù**
Frieden **njaìndjànjè**
frieren **tschàn**
frisch (Obst) **la'sha'**
fröhlich **pjo**
Frucht **ði'ðì**
früh **sò**
Frühling **nweùjaði**
Frühstück **nannä'sa**
frühstücken **nannä'sasà**
fühlen, sich **khanzà**
Führung **gaùnzaunhmù**
für **ətwä'**
fürchten, sich (vor) **sòòjain**
Fuß **tschedau'**

G

Gabel **khəjìn**
ganz **əkoun, tə ... loùn**
Garten **pàndjan, tschan**
Gas **da'ngwė**
Gasse **lànðwä**
Gast **ȧðä**
Gastfreundschaft **phojwehmù**
Gastgeber **ainschin**
Gaststätte **sàðau'shein**
Gebäck **moùn**
Gebäude **əshau'əu**
geben **pè**
Gebirge **taundàn**
Gebühr **əkhȧ**
Geburtstag **mwènė**
gefährlich **andəjäschï**
gefallen **tjei'**
Gefängnis **thaun**
Gefäß **khwä'**
Gefühl **khanzàdjä'**
gegen **shȧntjin**
Gegend **deðȧ**
gegenüber **schėhma**
gehen **ðwà**
Geld **pei'shan**
Gemüse **əðìəjwä'**
gemütlich **ðä'tau'ðä'ðaschï**
genau **tïtjȧ**
genug **lounlau'**
Gepäck **əthou'əpòò**
geradeaus **tȧtȧ**
gern **tjei'**
Geschäft (Tätigkeit) **lou'ngàn**
Geschäft (Laden) **shein**
Geschenk **lä'shaun**
Geschichte (Historie) **ðəmeìn**
Geschichte (Erzählung) **pounbjin**
Geschwister **njiəkoomaunhnəmȧ**
Gesellschaft **əpaùnəðìn**
Gesellschaft (GmbH) **kounməni**
Gesetz **ùpəde**
Gespräch **zəgàpjò**
gestern **mənėgȧ**
gesund **tjànma**
Gesundheit **tjànmajè**
Getränk **ðau'səja**
Gewicht **əlèdjain**
Gewitter **mòòjwa**
gewöhnen, sich (an) **ətjïnjȧ**
Gewürz **hìnkha'**
Gift **əshai'**
Giftschlange **mwezòò**
Glas (Trink-) **phangwä'**
Glas (Material) **hman**

glauben **joun, thin**
Glück **kankaùn**
glücklich **sai'tschànða**
Gold **schwe**
Gott **phəjà**
Gramm **gəram**
Grammatik **ðəda**
Gras **mjä'**
gratulieren **tschìtjù**
Grenze **nänəmai'**
Grippe **tou'kwè**
groß **tjì, mjïn**
Größe (Kleidung u.ä.) **əjwä-əsà**
Großmutter **əphwà**
Großvater **əphòò**
Gruppe **əphwä̀, ou'sù**
grüßen **hnou'shä'**
grüßen, sich **hnou'shä'**
gültig **təjàwin**
gut **kaùn**

H

haben **schï**
Hafen **shai'kàn**
Hälfte **təwä'**
halten **kein, ja'**
Haltestelle **kàgai', hma'tein**
Hand **lä'**
Handel **kounkù, əjaùnəwä**
Handtuch **dəbä'saun**
hart **ma**
Haus **ain**
Hausfrau **ainschinmà**
heben **mà**
Heftpflaster **pəlasəta**
heiß **pu**
helfen **kunji**
hell **lìn**
Herbst **nwehnàun jaði**
Herr **ù, ludjìmìn**
herzlich **hlei'hlei'hlä̀hlä̀**
heute **dinė**
hier **dihma**
Hilfe **əku-ənji**
hinten **ənau'hma**
hinter **ənau'**
hoch **mjïn**
Hochzeit **mingəlashaun**
hoffen **hmjolïn**
höflich **jintjè**
Holz **ði'ðà**
hören **tjà**
Hotel **hotä**
hungrig (sein) **sha**
Hygiene **tjànmaðànschìnjè**

I

ich **tjəno / tjəmà / nga**
ihr/e (Mz.) **ðudòò**
ihr/e (Ez.) **ðùjä̀**
Ihr/e **khinbjàjä̀**
immer **əmjä̀**
impfen **kagweshèthòò**
in (zeitlich) **ətwìn**
in (örtlich) **hma**
Industrie **sä'hmùlä'hmù**
Information **ðədìn pjantjàjè**
informieren, sich **ðədìnmè**
Insekt **pòògaun, pòòhmwà**
Insel **tjùn**
interessant **sai'winzàsəjakàun**
interessieren, sich (für) **sai'winzà**
international **əpjipjisheinja**
ja **hou'kä̀, ìn**
Jahr **hni'**
Jahreszeit **jaði**
jährlich **hni'teìn**
jeder **ludeìn**
jedesmal **ətschaindeìn**
jemand **dəzountəjau'**
jener **ä̀di (thoo)**
jetzt **əkhù**
Journalist **ðədìndau'**
jung **ngä**
Junge **lungä**

K

kalt **è**
kaputt **pjä'**
Karte **ka'**
Kasse **kaunta, pei'shanpè**
kaufen **wä**

kennen **ðï**
Kind **khəlè**
Kino **jou'schinjoun**
Kirche **phəjàtjaùn**
Kleidung **əwu'**
klein **ðè, ngä**
klug **to, njankaùn**
Kneipe **bà, əjä'shein**
kochen **tschä'**
Koffer **khəjìshaunai'**
kommen **la**
kompliziert **schou'**
Kondom **F.L.**
können **ta', hnein**
Konsulat **kaunsi'wunjoùn**
kontrollieren **thaìntschou', si'shè**
Konzert **kȧbwằ**
kosten (probieren) **mjìtjï**
kosten (Preis) **tjȧ**
kostenlos **ələgà**
krank **neməkaùn**
Krankenhaus **shèjoun**
Krankheit **jòga**
kühl **è**
Kühlschrank **jekhằti'ta**
Kunst **ənủpjinnja**
kunstgewerbl. Waren **ənủpjinnjapji'sì**
kurz **too**
küssen **nàn**

L

lächeln **pjoùn**
lachen (über etw.) **ji**
Lage (geogr.) **deðȧ**
Laken **ai'jakhìn**
Lampe **mìloùn**
Land **teìnpji** (Staat), **koùnmje**
Landkarte **mjeboun**
Landschaft **schủgìn**
Landwirtschaft **lälou', sei'pjòòjè**
lang (Entfernung) **wè**
lang(e) (Zeit) **tja**
langsam **hnè**
langweilig **pjìnzəjakaùn**
laufen, rennen **pjè**
laut **tjä, njan**
leben **ne, əðä'schin**
Leben **əðä'**
Lebensmittel **sàzəja, sàkoun**
ledig **lubjoo (m), əpjoo (w)**
leer **à, bəla**
legen **thà, tschȧ**
Lehrer(in) **shəja(mȧ)**
leicht (nicht schwer) **pȯ**
leihen, sich (von) **tschèhngà**
lernen **ðinju**
lesen **sapha'**
Leute **lude**
Licht **əlìnjaun, mìloùn**
lieben **tschi'**
Lied **ðətschìn**
liegen **hlằ**
links **bäbä'**
Loch **əpau'**
Löffel **zùn**
Lohn, Gehalt **lȧgȧ, lou'khȧ**
lügen **nja, lain**
lustig **pjo**

M

machen **lou'**
Mädchen **maìngəlè**
malen **badjishwằ, shèðou'**
man **lu**
manchmal **təkhatəle**
Mann **jau'tjȧ**
Markt **zè**
Medikament **shè**
Meer **pinlä**
mehr **poomjà**
mein/e **tjənȯ/tjəmȧ/ngȧ jằ**
Menge, Quantität **əmjàdjì**
Mensch **lu**
merken, sich **hma'hmï**
Messer **dà**
mieten **hngà**
Minute **mïni'**
mit **nằ, ətu**
Mittagessen **nėläza**
mittag **nėlä**
Mode **phä'schin**

möglich **phji'hnein**
Monat **lȧ**
morgen **mənä'phjan**
Morgen **mənä'**
Motor **indjin**
Motorboot **motobou'**
Motorrad **motosheikä**
müde **pinpàn**
Müll **əhmei'**
Museum **pjȧdei'**
Musik **gitȧ**
müssen **jȧ**
Mutter **əme**

N

nach (Richtung) **koo(goo)**
nach (Zeit) **nau'pì**
Nachmittag **mùnlwä**
Nachricht **ðədìn**
nächstes Mal **nau'təkha**
Nacht **njȧ**
nackt **kooloùndì**
Nadel **a'**
nah **nì**
Name **namä**
nass **soo**
Nationalität **lumjòò**
Natur **ðəbawȧ**
natürlich (nicht künstl.) **ðəbawȧ**
neben **bè(hma)**
nehmen **ju**
nein **məhou'phù, hïn-ìn**
neu **ði'**
neugierig **sa'sȯ**
nicht **mə ... bù / phù**
nichts **bahmȧ**
niedrig **naïn**
niemals **bädȯhmȧ**
niemand **bäðumȧ**
nirgendwo/-hin **bähmamȧ / bägoohmȧ**
noch einmal **nau'təkha**
noch **ðè**
Norden **mjau', mjau'bä'**
normal **ðaman, jòòjòò**
notwendig **loo a'**
Nummer **nanba'**
nur **bȁ**

O

ob **là**
oben **əpo**
Obst **əðì**
oder **là**
öffnen **phwïn**
oft **mətjakhənȧ**
ohne **məpabȁ, mə ... bȁ**
Öl **shi**
Onkel **ùlè**
Organ **inga**
organisieren **sìjoùn, sizin**
Ort **neja, deðȧ**
Osten **əschė**
Österreich **ostrìjȧ**
Österreicher(in) **ostrìjȧ lumjòò**

P

paar **soun, ətwȁ**
Paar **zoundwȁ**
Päckchen **əthou'**
Paket **pashä**
Palast **nàndo**
Panne **pjä'**
Papier **sajwä'**
Park **pàndjan**
parken **ja'**
Pass **lä'hma'**
Patient **luna**
Pause **àla'tschain**
Person **lu**
Pflanze **əpin**
Plan **simangàin, ətjan**
Platz **neja**
Platzkarte **theingounneja**
plötzlich **jou'təjä'**
Politik **neinnganjė**
Polizei **jȁ(səkhàn)**
Post(amt) **sadei'**
Postkarte **pȯȯsəka'**
Preis **tanbòò**
privat **koobein**
Problem **pja'ðəna**
Programm **əsi-əsin**
Prospekt **əlà-əla**
pünktlich **ətschainhman**
Qualität **əje-əðwè**

R

Radiogerät **redijoo**
Rat **ətjanpè**
rauchen **shèlai'ðau'**
Raum **əkhàn**
rechnen **twä'**
Rechnung **səjìn, bau'tscha**
Recht **əkhwïn-əjè**
rechts **njabä'**
reden **pjò**
Regen **mòò**
Regenschirm **thì**
registrieren **hma'pountin**
reich **tschànða**
reif **hmä̇**
Reifen **taja**
Reise **khəjì**
Reisebüro **khəjìðwàjoùn**
reisen **khəjìðwà**
reparieren **pjin**
reservieren **tjootinwä**
Restaurant **sàðau'shein**
Rettungswagen **lunatinkà**
richtig **hman**
Richtung **-bä'**
roh **əsàin**
Rückfahrt **əpjankhəjì**
Rucksack **tjòbòòai'**
rückständig **tjanne, khi'nau'tjȧ**
rufen, schreien **o-kho**
Ruhe **njainðä'hmu̇**

S

Sache **kai'sȧ, pji'sì**
sagen **pjò**
Salbe **laìnshè**
Salz **shà**
sammeln **su̇**
Sand **ðä̀**
satt **wȧ, lounlau'**
Satz (Grammatik) **satjàun**
sauber **ðȧnschìn**
saubermachen **ðȧnschìnjèlou'**
sauer **tschin**
Schallplatte **da'pjà**
scharf **sa'**
Scheck **tschä'lä'hma'**
Schere **ka'tjì**
schicken, senden **pȯȯ**
schießen **pji'**
Schiff **ðìnbò**
schlafen **ai'**
Schlafsack **su'ai'ja**
Schlafzimmer **ai'khàn**
schlagen **jei'**
schlecht **shòò, njȧn**
Schloss (Gebäude) **nàndo, jä̀dei**
Schlüssel **ðȯ**
schmackhaft **əjȧðaschï**
Schmerz **na**
schmerzen **na**
Schmuck **lä'wu'jədəna**
schmutzig **nji'pa'**
Schnaps **əjä'**
schnell **mjan**
schon **pì**
schön **hhlȧ**
schreiben **jè**
Schuh **schu̇̀phəna'**
schuldig **əpji'schï**
Schule **tjau̇n**
Schüler(in) **tjau̇nðà (ðu)**
schwanger **koowunschï**
Schweiz **swi'salan**
Schweizer(in) **swi'ss lumjòò**
schwer (nicht leicht) **lè**
Schwester **əmȧ, njimȧ**
schwierig (nicht einfach) **khä'**
schwimmen **jeku̇**
schwitzen **tschwèthwä'**
See **jekan, pinlä**
sehen **mjin**
Sehenswürdigkeiten **tji'zəjaneja**
Seide **pòò**
Seife **sha'pja**
Seil **tjòò**
sein **phji'**
sein/e **ðu̇, ðu̇jä̇**
seit **gədä̇gȧ**
Seite (Richtung) **bä'**
Sekunde **sä'kȧn**
selbst **kȯȯphaðakoo**
selten **-khä̀**
setzen, sich **thein**
sicher **ðetscha**
sie (Ez.) **ðumȧ, ðu**
sie (Mz.) **ðudȯȯ**
Sie **khinbjà; schin**

Silber **ngwe**
singen **ðətschìnshoo**
sitzen, passen (Kleidung) **to**
sitzen **thein**
so **diloo**
sofort **tschä'tschìn**
Sohn **ðà**
solch(e, er, es) **diloo**
sollen **ðïn**
Sommer **nwe**
Sonne **ne**
sparen **tschweta, sủ**
spät **nau'tjả**
spazierengehen **lànschau'**
Speise **əsàəðau'**
Speisekarte **minùka', əsàəðau'səjìn**
spielen **gəzà**
Spielzeug **ajou'**
Sport **àgəzà**
Sprache **baðazəgà**
sprechen **zəgàpjò**
Spritze **shèthòò**
Staatsangehörigkeit **neinnganðà**
Stadt **mjòò**
stark **ðan**
stehen **ja', thả**
Stein **tjau'khả**
Stelle, Ort **neja**
stellen **thà, pòò**
sterben **ðe**
Stil (Architekt.) **pounzan, sətein**
Stimme **əðan**
Stoff **pai'sả, pji'sì**
stören **hnau'schä'**
Strafe **əpji'dan**
Strand **kàndje**
Straße **làn**
Straßenbahn **da'jəthà**
Streichhölzer **ði'ðàmìdji'**
streiten **janphji'**
Stück **dəzai', dəbèin, khủ**
Student **tjaùnðà**
Stunde **naji**
suchen **scha**
Süden **taunbä', taun**
Summe **pəmanả**
Suppe **hìndjoo**
süß **tschoo**

T

Tabak **shèjwä'**
Tablette **shèloùn**
Tag **nė**
täglich **nėdeìn**
Tal **lwinbjin**
Tankstelle **da'shishein**
Tante **ədo**
tanzen **kả**
Tasche **ai'**
Taxi **tä'kəsi**
Telefon **täliphoùn**
telefonieren **täliphoùnshä'**
Telegramm **tjènàn**
teuer **zètjì**
Theater **kảbwả**
tief **nä'**
Tier **tərai'shan**
Tochter **ðəmì**
Tod **ðedjìn**
Toilette **ainða**
Toilettenpapier **ainðasä'ku**
tot **ðebi**
töten **ða'**
Tradition **jòòja**
tragen **ðä**
traurig **wànnả**
treffen (begegnen) **twė, shoun**
Treppe **hlegà**
trinken **ðau'**
Trinkgeld **bau'shù, moùnbòò**
trocken **tschau'**
tschüß **ðwàdòmä, ta'ta**
tun **lou'**
Tür **dəgà**
Turm **mhjozin**

U

üben **lėtjïn**
über (zeitl.) **tjo**
über (örtl.) **əpo**
überall **nejadèin**
übermorgen **ðəbä'kha**
übersetzen (Sprache) **baðapjan**
Übersetzer **baðapjanshəja**
Überweisung **ngwehlwả**
übrig **tjan**
Uhr **naji**

um **ətwä', tjȧun**
um zu ... **lȯȯ, aunlȯȯ**
Umgebung **pa'wìntjin**
Umleitung **lànhlwä̀**
umtauschen **lä̀**
Umweg **lànhmà**
Umwelt **pa'wìntjin**
unbekannt **luməđï**
und **nä̀**
Unfall **mətotəshȧhmu̇**
Universität **tä'kəđoo**
unschuldig **əpji'məschï**
unser/e **dȯȯ, dȯȯjä̀**
unten **au', au'hma**
unter **au'**
Unterhaltung **phjophjejè**
Unterkunft **netheinhmu̇, neja**
unterrichten (lehren) **đinpè**
unterschreiben **lä'hma'thòò**
Urlaub **àla'jä'**

V

Valuta, Devisen **neinn-gandjàngwe, F.E**
Vater **əphe**
verabreden (sich) **tschaìn**
Verabredung **tschaìnthà**
verabschieden, sich **hnou's-hä'**
verboten (sein) **tàmji'thà**
Verbrechen **jazəwu'hmu̇**
verdienen **pei'shanjȧ**
vergessen **mė**
vergnügen, sich **əpjoscha**
verirren, sich **lànhmà**
verkaufen **jaùn**
verleihen (an) **nhgà**
verletzt **danjajȧ**
Verletzung **danja**
verlieben, sich **tschi'**
verlieren (Dinge) **pjau'**
vermieten **nhgà**
Vermittlung **pwä̀zàlou', phjanphje**
Versicherung **amȧgan**
verspäten, sich **nau'tjȧ**
versprechen, sich **gədïpè**
verstehen **nàlä**
versuchen **sàntjï, tjòòzà**
viel **mjȧ**
vielleicht **phji'-hneindä**
Vogel **nhgä'**
Volk **lumjòò**
voll **pjė**
von **hmȧ, gȧ**
vor **schė (hma)**
vorbereiten **pjinshin**
vorgestern **tənėgȧ, təmjanmənėgȧ**
vorher **əjingȧ**
Vormittag **mənä'**
Vorname **pəthəmȧnamä**
vorne **schė, əschė**
vorschlagen **ətjanpè**
vorstellen (Imagination) **sìnzàlȯȯjȧ, phji'hnein**
vorstellen, sich **mai'shä'**
Vorwahlnummer **əschėnan-ba'**

W

Wagen **jin, kà**
wahr **hman, hou'**
während **... doùn (... toùn)**
Wald **tò, tò-ou'**
Wand **nanjan**
wandern **schau'đwà**
wann **bädoùngȧ, bädȯ**
Ware **pji'sì**
warm **nwè**
warten **saùn**
warum **balȯȯlä̀**
was **balä̀**
waschen **shè, scho**
waschen, sich **shè**
Wasser **je**
Watte **gu̇n**
wechseln **pjau̇n**
wecken **hnòò, thȧ**
Weg **làn**
wegen **tjȧun**
weiblich **maìnmȧshan**
weil **datjȧun**
weinen **ngoo**
weit **wè**
welcher **bäha**
wenig **nä̀**
wenn (als) **-dȯ(tȯ)**
wenn (falls) **jin**
wer **bäđu**
werden **phji'la**

Wörterliste Myanmarisch – Deutsch

wessen **bäðùjä̀**
Westen
ənau', ənau'neinngan
Wetter **jaði-ù-dù**
wichtig **əjètjì**
wie **bäloo**
wieder **təkhapjan, pjan**
wiederholen **pjanlou'**
wieviel **bälau'**
Wind **le**
Winter **shaùn**
wir **dòò, ngadòò, tjəno / tjəmàdòò**
wissen **ðï**
wo **bähma**
Woche **əpa'**
woher **bägà**
wohin **bägoo**
wohnen **ne**
Wohnung **aingàn**
wollen **lou'tschin, -tschin**
Wort **zəgəloùn**
Wörterbuch **əbïdan**
Wunde **danja**
wünschen
shandàschï/pjù

Z

zahlen **pei'shanpè**
Zahnarzt **ðwàshəjawun**
Zahnpasta **ðwàdei'shè**
zeigen **pjà**
Zeit **ətschain**
Zeitung **ðədìnza**
Zelt **jwä'phjintä̀**
Zeltplatz **səkhànneja**
Zentrum **bəhoo**
Zigarette **sìkərä'**
Zimmer **əkhàn**
Zoll **lä'mà(mess), əkau'khun**
zu Fuß **tschedjin**
zu (+ Adjektiv) **əjàn**
zufrieden **tjena'**
Zug **jəthà**
zurück **pjan**
zusammen **ətutu**
zuviel **ðai'mjà**
zwischen **djà**

A

à frei
à, bəla leer
a' Nadel
a'tschi Faden
à, njàn dumm
ä̀di (thoo) jener
əbïdan Wörterbuch
əðà Fleisch
əðä' Alter (Lebens-)
əðä' Leben
əðan Stimme
əðanthwä' Aussprache
əðì Obst
əðìəjwä' Gemüse
ədo Tante
əèmï erkältet sein
ä̀ðä Gast
àgəzà Sport
əhma Bestellung
əhmà Fehler
əhma'jà erinnern, sich
əhma'təjà Andenken
əhmei' Müll
əhmùthàn Angestellte(r)
ai' schlafen
ai' Tasche
ai'ja Bett
ai'ja Bettzeug
ai'jakhìn Laken
ai'khàn Schlafzimmer
ain Haus
ainða Toilette
ainðasä'ku Toilettenpapier
aingàn Wohnung
ainkhaunmòò Dach
ainschin Gastgeber
ainschinmà Hausfrau
əjä' Alkohol
əjä' Schnaps
əja'ðà Einwohner
əjàðaschï schmackhaft
əjàn zu (+ Adjektiv)
əjaun Farbe

əjaùnəwä Handel
əje-əđwè Qualität
əjètjì wichtig
əjingȧ vorher
əjou' Spielzeug
əjwä', sajwä' Blatt
əjwä-əsà Größe (Kleidung)
əkhȧ Gebühr
əkhàn Raum
əkhàn Zimmer
əkhủ jetzt
əkhwïn-əjè Recht
əkoo, nji, maun Bruder
əkoun alles
əkoun, tə ... loùn ganz
əku-ənji Hilfe
àla'jä' Ferien
àla'jä' Urlaub
àla'tschain Pause
əlà-əla Prospekt
ələgȧ kostenlos
əläla besuchen
əlèdjain Gewicht
əlìnjaun, mìloùn Licht
əlou' Beruf
əlou'đəmà(mȧ) Arbeiter(in)
əlou'lou' arbeiten
əmȧ, njimȧ Schwester
amȧgan Versicherung
əme Mutter
əmjȁ immer
əmjàdjì Menge, Quantität
əmjan dringend
əmjanlou' beeilen, sich
əmjòòđəmì Frau
anabein Behörde
ənau' hinter
ənau', ənau'neinngan Westen
ənau'hma hinten
andəjäschï gefährlich
ənủpjinnja Kunst
ənủpjinnjapji'sì kunstgewerbl. Waren
əpa' Woche
əpau' Loch
əpaùnəđìn Gesellschaft
əphe Vater
əphje Antwort
əphji'əpjä' Ereignis
əphòò Großvater
əphwà Großmutter
əphwȁ, ou'sủ Gruppe
əpìlou' beenden
əpin Pflanze
əpjankhəjì Rückfahrt
əpji'məschï unschuldig
əpji'pè bestrafen
əpji'schï schuldig
əpjipjisheinja international
əpjoscha vergnügen, sich
əpo oben
əpo über (örtl.)
əpoopji'sì Ersatzteil
əsàəđau' Speise
əsàəđau'səjìn Speisekarte
əsàin roh
əschė Osten
əschėnanba' Vorwahlnummer
əshai' Gift
əshau'əu Gebäude
əshoùn Ende
əsi-əsin Programm
əsi' echt
ətha' Etage
əthaìnəhma' Denkmal
əthï bis
əthou' Päckchen
əthou'əpòò Gepäck
əthùhnoùn Ermäßigung
ətjïnjȧ gewöhnen, sich (an)
ətjanpè empfehlen
ətjanpè Rat
ətjanpè vorschlagen
ətjaùntjȧ benachrichtigen
ətschain Zeit
ətschaindeìn jedesmal
ətschainhman pünktlich
ətschainsəjìn Fahrplan
ətutu zusammen
ətwä' für
ətwä', tjȧun um
ətwìn in (zeitlich)
au' unter
au', au'hma unten
aunmjinhmủ Erfolg
əwu' Kleidung

B

bà, əjä'shein Kneipe
bä' Seite (Richtung)
bȁ nur
bäbä' links
bađapjan übersetzen (Sprache)

baðapjanshəja Übersetzer
baðazəgà Sprache
badjishwà, shèðou' malen
bädòhmȧ niemals
bädoùngȧ wann
bäðu wer
bäðùjȁ wessen
bäðumȧ niemand
bägȧ woher
bägoo wohin
bäha welcher
bähma wo
bahmȧ nichts
bähmamȧ/bägoohmȧ nirgendwo/-hin
bəhoo Zentrum
balȁ was
bälau' wieviel
bäloo wie
balòòlȁ warum
ban Bank (Geld)
ba'skà Bus
bau'shù, moùnbòò Trinkgeld
bè(hma) neben
bija Bier
-bòò zu (+ Verb)
butajoun Bahnhof

D

... doùn (... toùn) während
da dies
da diese(r, s)
dà Messer
da'jəthà Straßenbahn
da'khȁ Batterie
da'ngwė Gas
da'pjà Schallplatte
da'pounjei' fotografieren
da'pounpjinnja Fotografie
da'shi Benzin
da'shishein Tankstelle
dəbä'saun Handtuch
dabemȁ aber
dədà Brücke
dəgà Tür
danȁ damit
danja Wunde, Verletzung
danjajȧ verletzt
dashoojin dann
datjàun darum
datjàun deshalb
datjàun weil
dəzai', dəbèin, khu Stück
dəzai'gaùn Briefmarke
dəzountəjau' jemand
deðȧ Gegend
deðȧ Lage (geogr.)
deðàzəgà Dialekt
dihma hier
dihma, hoohma da
diloo so
diloo solch(e, er, es)
dïnau', dapì danach
dinė heute
diskoo Diskothek
djà zwischen
djaman deutsch
djaman Deutsche(r)
djaməni Deutschland
-dȯ (tȯ) wenn (als)
dȯ als (zeitl.)
dȯȯ, dȯȯjȁ unser/e
dȯȯ wir

ð

ðà Sohn
ðä tragen
ða' töten
ðä'ðe, əthau'əthà Beweis
ðä'tau'ðä'ðaschï gemütlich
ðànschìn sauber
ðànschìnjèlou' saubermachen
ðȁ Sand
ðəbä'kha übermorgen
ðəbawȧ Natur
ðəbawȧ natürlich (nicht künstl.)
ðəbòtu einverstanden
ðəda Grammatik
ðədïjȧ erinnern, sich
ðədìn Nachricht
ðədìn pjantjàjè

Information
ðədìndau' Journalist
ðədìnmè informieren, sich
ðədìnza Zeitung
ðai'mjà zuviel
ðaman, jòòjòò normal
ðəmeìn Geschichte (Historie)
ðəmì Tochter
ðan stark
ðanjoùn Botschaft (dipl.)
ðətschìn Lied
ðətschìnshoo singen
ðau' trinken
ðau'səja Getränk
ðe sterben
ðedjìn Tod
ðebi tot
ðè noch
ðè, ngä klein
ðetscha sicher
ðï kennen
ðï wissen
ði' neu
ði'ðà Holz
ði'ðàmìdji' Streichhölzer
ði'ðì Frucht
ði'pin Baum
ðïaunlou'
bekanntmachen, sich
ðïn sollen
ðìnbò Fähre, Schiff
ðinju lernen
ðinpè unterrichten (lehren)
ðȯ Schlüssel
ðu er, sie
ðu̇, ðu̇jä̇ sein/e, ihr/e
ðu̇jä̇ ihr/e (Ez.)
ðudȯȯ, ðudȯȯjä̇ ihr/e (Mz.)
ðudȯȯ sie (Mz.)
ðumȧ, ðu sie (Ez.)
ðwà gehen
ðwà, kàmaùn fahren
ðwàdei'shè Zahnpasta
ðwàdȯmä, ta'ta tschüß
ðwàshəjawun Zahnarzt
ðwìnkoun Einfuhr

E, F, G

è kalt
è kühl
F.E. Valuta, Devisen
F.L. Kondom
gȧ aus
gəba, mjedjì Erde
gədä̇gȧ seit
gədïpè versprechen, sich
gəram Gramm
gaùnzaunhmu̇ Führung
gəzà spielen
gitȧ Musik
gùn Watte

H

haùn alt (nicht neu)
hlȧ schön
hìndjoo Suppe
hïn-ìn, məhou'bù nein
hìnkha' Gewürz
hlä̇ liegen
hle Boot
hlegà Treppe, Leiter
hlei'hlei'hlä̇hlä̇ herzlich
hma auf
hma bestellen
hma in (örtlich)
hmà falsch
hma, wä buchen
hma'hmï merken, sich
hma'pountin registrieren
hmȧ, gȧ von
hmä̇ reif
hman Glas (Material)
hman richtig
hman, hou' wahr
hmaun dunkel
hmjolïn hoffen
hnau'schä' stören
hnè langsam
hngà mieten
hni' Jahr
hni'teìn jährlich
hnòò, thȧ wecken
hnou'shä' begrüßen,
grüßen, sich
hnou'shä'
verabschieden, sich
hoogoo dorthin
hoohma dort
hotä Hotel
hou'kä̇, ìn ja

I, J

indjin Motor
inga Organ
ìngəlai' englisch
ja' aufhören
ja' parken
ja', thȧ stehen
jȧ müssen
jȧ, khwïnshï dürfen
jȧschï erhalten
jȁ Polizei
jȁdei' Burg
jaði Jahreszeit
jaði-ụ-dụ Wetter
janphji' streiten
jȁsəkhàn Polizei
jəthàlàn Eisenbahn
jəthà Zug
jau'la ankommen
jau'ladjìn Ankunft
jau'tjà Mann
jaụn verkaufen
jaunzoun bunt
jaunzounjou'shin Farbfilm
jazəwu'hmụ Verbrechen
je Wasser
jè schreiben
jegȁmoụn Eis (Speise-)
jei' schlagen
jekan, pinlä See
jekhȁti'ta Kühlschrank
jekụ schwimmen
jekụboụnbi Badehose
jekụwu'soun Badeanzug
jenga' Durst (haben)
jetschòò baden
jetschòòkhàn Badezimmer
ji lachen (über etw.)
jin Brust (weibl.)
jin wenn (falls)
jin, kà Wagen
jinba' Brust(korb)
jìnhnìhmụ Freundschaft
jintjè höflich
jìzà, ðəngädjìn Freund(in)
jòga Krankheit
jòòja Tradition
jou'schin Film
jou'schinjoun Kino
jou'təjä' plötzlich
joụn Büro
joun, thin glauben
ju nehmen
jwa Dorf
jwä'phjintȁ Zelt

K

kà Auto
kà Fahrzeug
ka' Karte
ka'tjì Schere
kȧ tanzen
kȧbwȁ Konzert, Theater
kàgai', hma'tein Haltestelle
kagweshèthòò impfen
kai'sȧ, pji'sì Sache
kàmaụnðəmà, kàshəja Chauffeur
kàndje Strand
kankaụn Glück
kàpjinsä'joun Autowerkstatt
kaụn gut
kaụnla, ðä'ða erholen, sich
kaunsi'wunjoụn Konsulat
kaunta, pei'shanpè Kasse
kein, ja' halten
-khȁ selten
khä' schwierig (nicht einfach)
khȧn, lau' etwa
khȁdan Bleistift
khəjì Reise
khəjìðwà reisen
khəjìðwàjoụn Reisebüro
khəjìn Gabel
khəjìsȧthwä' abreisen
khəjìshaunai' Koffer
khəlè Kind
khanzà fühlen, sich
khanzàdjä' Gefühl
khein fest
khinbjà Sie
khinbjàjä Ihr/e
khinbụn, jau'tjà Ehemann
khòòhmụ Diebstahl
khwïnpjụdjä' Erlaubnis
khwä' Gefäß
khwïnpè erlauben
kinməra Fotoapparat
koo(goo) nach (Richtung)
kȯòphaðakoo selbst

koobein Eigentum
koobein privat
kooloùndì nackt
koopu Fieber
koowunschï schwanger
kounkù Handel
kù, kùða behandeln (Krankh.)
kunji helfen

L

lìn hell
la kommen
là ob
là oder
lä Besuch
lä' Hand
lä'hma' Ausweis
lä'hma' Fahrkarte
lä'hma' Pass
lä'hma'khà Fahrpreis
lä'khan empfangen
lä'mà(mess), əkau'khun Zoll
la'sha' frisch (Obst)
lä'shaun Geschenk
lä'tschaùn Finger
lä'wu'jədəna Schmuck
là Monat
lágà, lou'khà Lohn, Gehalt
lȁ auch
lȁ umtauschen
läðəmà Bauer
lägwìn Feld
lä'hma'thòò unterschreiben
lai'sa Adresse
lain, nja betrügen
laìnshè Salbe
lälou' Landwirtschaft
làn Straße
làn Weg
lànðwä Gasse
lànhlwȁ Umleitung
lànhmà Umweg
lànhmà verirren, sich
lànschau' spazierengehen
le Wind
lè schwer (nicht leicht)
lètjïn üben
lei'pòò begleiten
lemjan Flugzeug
lemjanlä'hma' Flugticket
lezai' Flughafen
linməjà Ehepaar
lòò, jin dass
loo brauchen
loo a' notwendig
lòò, aunlòò um zu ...
lou' machen
lou' tun
lou'ngàn Geschäft (Tätigkeit)
lou'tschin,-tschin wollen
lounlau' genug
lu man
lu Mensch
lu Person
lubjoo (m.), əpjoo (w.) ledig
lude Leute
ludeìn jeder
ludjì Alte(r)
luməðï unbekannt
lumjòò Nationalität
lumjòò Volk
luna Patient
lunatinkà Rettungswagen
lungä Junge, Jugendliche/r
lwä einfach
lwinbjin Tal

M

ma hart
mà heben
mə ... bù/phù nicht
məhou'phù, hïn-ìn nein
mai'shä' vorstellen, sich
maìngəlè Fräulein
maìngəlè Mädchen
maìnmàshan weiblich
mənä' Morgen
mənä' Vormittag
mənä'phjan morgen
mənègà gestern
məpabȁ, mə ... bȁ ohne
məteingin bevor
mətjagin bald
mətjakhənà oft
mətotəshàhmù Unfall
mè vergessen
mèkhùn Frage
mèkhùnmè fragen
mhjozin Turm

mì Brand
mì Feuer
mïbȧ Eltern
mïðàzụ Familie
mïðàzụnamä Familienname
mìlaun brennen
mìloụn Lampe
mìn du
mìn, mìnjä dein/e
mìndȯȯ, mìndȯȯjä̇ euer/e
mingəlashaun Hochzeit
mïni' Minute
minụka' Speisekarte
mjà viel
mjä' Gras
mjä'hman Brille
mjan schnell
mjau' Norden
mjè(mȧ) Enkel(in)
mjeboun Landkarte
mji', tschaụn Fluss
mjin sehen
mjïn hoch
mjìtjï kosten (probieren)
mjȯȯ Stadt
mòò Regen
mòòjwa Gewitter
motobou' Motorboot
motosheikä Motorrad
moụn Gebäck
mụ betrunken
mùnlwä Nachmittag
mwènė Geburtstag
mwezòò Giftschlange

N

na Schmerz
na schmerzen
nä' tief
nä̇ wenig
nä̇nä̇ bisschen
nä̇ und
nä̇, ətu mit
naïn niedrig
naji Stunde
naji Uhr
nàlä verstehen
namä Name
nàn küssen
nänəmai' Grenze
nanba' Nummer
nàndo Palast
nàndo, jä̇dei' Schloss (Gebäude)
nanjan Wand
nannä'sa Frühstück
nannä'sasà frühstücken
nau'pì nach (Zeit)
nau'təkha nächstes Mal
nau'təkha noch einmal
nau'tjȧ spät
nau'tjȧ verspäten, sich
ne bleiben
ne Sonne
ne wohnen
ne, əðä'schin leben
nė Tag
nėdeìn täglich
nėlä mittag
nėläza Mittagessen
nėzwä̇ Datum
neinganðà Bürger (Staats-)
neinnganðà Staatsangehörigkeit
neinngandjà Ausland
neinngandjàðà Ausländer
neinngandjànäshein ausländisch
neinngandjàngwe Valuta, Devisen
neinnganjè Politik
neja Platz
neja Stelle, Ort
neja, deðȧ Ort
nejadèin überall
neməkaụn krank
netheindjìn Aufenthalt
netheinhmụ, neja Unterkunft
ngà Fisch
ngä jung
ngadȯȯ wir
ngoo weinen
ngwe Silber
ngwehlwä̇ Überweisung
nhgà vermieten, verleihen (an)
nhgä' Vogel
nì nah
nja, lain lügen
njȧ Nacht
njȧne Abend
njȧneza Abendessen
njabä' rechts
njainðä'hmụ Ruhe
njaìndjànjè Frieden

nji'pa' schmutzig
njiəkoomaunhnəmȧ Geschwister
nòò aufwachen
nwe Sommer
nwè warm
nwehnaùnjaði Herbst
nweùjaði Frühling

O

o-kho rufen, schreien
oo alt (nicht jung)
ostrìjà Österreich
ostrìjà lumjòò Österreicher(in)

P, Q, R

pa'wìntjin Umgebung, Umwelt
pai'sȧ, pji'sì Stoff
pain dünn
pəlasəta Heftpflaster
pəlìn Flasche
pàn Blume
pàndjan Garten, Park
pashä Paket
pəthəmȧnamä Vorname
paunmoù Brot
pè geben, bezahlen
peinschin Besitzer
pei'shan (Bar-)geld
pei'shanpè bezahlen
pəmanȧ Summe
pei'shanjȧ verdienen
phä'schin Mode
phai'tjà einladen
phai'tjàdjìn Einladung
phəjà Gott
phəjàtjaùn Kirche
phangwä' Glas (Trink-)
phau', phja' durch (hindurch)
phau'thwìnhmù Einbruch
phjà Fieber
phjanphje Vermittlung
phje antworten
phji' sein
phji'la werden
phji'hnein möglich
phji'hneindä vielleicht
phjophjejè Unterhaltung
phojwe freundlich
phojwehmu Gastfreundschaft
phwïn öffnen
pì schon
pì (bi) fertig
pinlä Meer
pinpàn müde
pjä' kaputt
pjä' Panne
pja'ðəna Problem
pjȧ zeigen
pjȧbwȁ Ausstellung
pjȧdei' Museum
pjȧthà, əthùkaùn ausgezeichnet
pjədìnbau' Fenster
pjan fliegen
pjan zurück, wieder
pjanlou' wiederholen
pjantjàjè Auskunft
pjau' verlieren (Dinge)
pjaùn wechseln
pjaùn, tschu' ausziehen
pjè laufen, rennen
pjė voll
pji Eiter
pji' schießen
pji'dan Strafe
pji'sì, ou'sa, ha Ding
pjin reparieren
pjìn faul (träge)
pjinshin vorbereiten
pjìnzəjakaùn langweilig
pjipȧkhəjì Ausreise
pji'sì Ware
pjo fröhlich, lustig
pjò reden, sagen
pjobwȁ Feier
pjobwȁlou' feiern
pjòpjȧ erzählen
pjoùn lächeln
pȯ leicht (nicht schwer)
pòò Seide
pȯȯ bringen, schicken, senden
pȯȯsəka' Postkarte
pòògaun, pòòhmwà Insekt
pookaùn besser
poomjà mehr
pou' faul (Obst)
poun Bild
pounbjin

Geschichte (Erzählung)
pounzan Formular
pounzan, sətein Stil (Architekt.)
pu heiß
pwȁ Fest
pwȁzàlou' Vermittlung
redijoo Radiogerät

S

sa Brief
sà essen
sa' scharf
sä'bàin Fahrrad
sä'hmủlä'hmủ Industrie
sä'joun Fabrik
sä'kȧn Sekunde
sa'sủ neugierig
sȧ anfangen
sȧpjan abfliegen
sa-ai' Briefumschlag
sàđau'shein Gaststätte
sàđau'shein Restaurant
sadei' Post(amt)
sai'tschànđa glücklich
sai'winzà interessieren, sich (für)
sai'winzàsəjakàun interessant
saìn fremd
səjìn, bau'tscha Rechnung
sajwä' Papier
sajwä'sadȧn Dokument(e)
səkhànneja Zeltplatz
saloùn Buchstabe
sàntjï, tjòòzà versuchen
sa-ou' Buch
sapha' lesen
satjàun Satz (Grammatik)
saủn warten
saun Decke (Bett)
sàzəja, sàkoun Lebensmittel
scha suchen
schau'đwà wandern
schė (hma) vor
schė, əschė vorne
schėhma gegenüber
schï haben
schihma bei
schin Sie
schìnpjȧ erklären
schou' kompliziert
schủgìn Landschaft
schùphəna' Schuh
schwe Gold
sei'pjòòjè Landwirtschaft
sha hungrig (sein)
shà Salz
shä' Binde
sha'pja Seife
shȧntjin gegen
shai'kàn Hafen
shəja Chef
shəja(mȧ) Lehrer(in)
shəjawun Arzt
shandȧschï/pju wünschen
shau' Bauen
shaủn Winter
shè Medikament
shė waschen, sich
shè, scho waschen
shein Geschäft (Laden)
shèjoun Krankenhaus
shèjwä' Tabak
shèlai'đau' rauchen
shèloùn Tablette
shèshein Apotheke
shèthòò Spritze
shi Öl
shìn aussteigen
shìnjȁ arm
shòò, njȧn schlecht
shoủnphja' entscheiden
shwȁ abschleppen
si', əsi' echt
sìjoùn, sizin organisieren
sìkərä' Zigarette
simangàin, ətjan Plan
sìnzàlòòjȧ, phji'hnein vorstellen (Imagination)
sò früh
sogȧ beleidigen
soo feucht, nass
sòòjain fürchten, sich (vor)
soun, ətwȁ paar
sủ sammeln
su'ai'ja sammeln
swi'ss lumjòò Schweizer(in)
swi'salan Schweiz

T

tà, ja' anhalten
təjàwin gültig
tä' einsteigen
ta', hnein können
tä'kəsi Taxi
tä'la, phjïla eintreten
tä'kəðoo Universität
tȧtä̇ geradeaus
taja Reifen
təjau'nätəjau' einander
təjau'thȁ allein
təkha einmal
təkhapjan wieder
təkhatəle manchmal
təkhu̇thȁ allein
tälibi'schìn Fernsehgerät
täliphoùn Telefon
täliphoùnshä' telefonieren
tàmji'thà verboten (sein)
tanbòò Preis
tənėgȧ, təmjanmənėga vorgestern
tərai'shan Tier
təschȯȯ einige
təschȯȯ, nȁnȁ etwas
taun Berg
taunbä' Süden
taùnban bitten
taùnban entschuldigen, sich
taùnbaṅ bitte
taundàn Gebirge
təwä' Hälfte
tein beschweren, sich
teìnjìnðàðətschìn Folklore
teìnpji(staat), koùnmje Land
thà, pȯȯ stellen
thà, tschȧ legen
thȧ aufstehen
thȁpoo als (Vergleich)
thaìntschou', si'shè kontrollieren
thaun Gefängnis
thein setzen, sich
thein sitzen
theingounneja Sitzplatz
thì Regenschirm
thin, twè denken
thoùnzan, jòòja Brauch
thwä'khwa abfahren
thwä'koun Ausfuhr
thwä'pau' Ausgang
tïtjȧ genau
tja dauern
tja lang(e) (Zeit)
tjà hören
tjä breit
tjä, njan laut
tjà kosten (Preis), fallen
tjan übrig
tjànma gesund
tjànmaðànschìnjè Hygiene
tjànmajè Gesundheit
tjanne, khi'nau'tjȧ rückständig
tjənȯ / tjəmȧ/ngȧ jä̇ mein/e
tjəno/tjəmȧ/nga ich
tjəno/tjəmȧdȯȯ wir
tjau' Angst
tjau'khȁ Stein
tjȧun wegen
tjaùn Schule
tjaùnðà Student
tjaùnðà (ðu) Schüler(in)
tjei' gefallen
tjei' gern
tjena' zufrieden
tjènàn Telegramm
tjèzù danke
tjèzùpjùjwė bitte
tjèzùtin danken
tjï besichtigen
tjì, mjïn groß
tjïzəjaneja Sehenswürdigkeiten
tjìn eng
tjo über (zeitl.)
tjòbòòai' Rucksack
tjòò Seil
tjootinwä reservieren
tjòòzà fleißig
tjoozoo empfangen
tjotjà berühmt
tjùn Insel
to sitzen, passen (Kleidung)
to, njankaùn klug

tò, tò-ou' Wald
too kurz
tou'kwè Grippe
tschä' kochen
tschä'lä'hma' Scheck
tschä'tschìn sofort
tschaìn verabreden (sich)
tschaìnthà Verabredung
tschan Garten
tschàn frieren
tschànða reich
tschau' trocken
tschedau' Fuß
tschèhngà leihen, sich (von)
tschedjin zu Fuß
tschi' lieben
tschi' verlieben, sich
tschin sauer
tschìtjù gratulieren
tschoo süß
tschweta, sụ sparen
tschwèthwä' schwitzen
twä' rechnen
twẹ finden
twẹ, shoun treffen (begegnen)

U

ù, ludjìmìn Herr
ụ Ei
ụbəma Beispiel
ụpəde Gesetz
ùlè Onkel

W

wä kaufen
wạ dick
wạ, lounlau' satt
wànnằ traurig
wè fern
wè lang (Entfernung)
wè weit
winbau' Eingang
wùnða, pjo freuen, sich
wùnschò Durchfall

Z

zəgəbjan Dolmetscher
zəgəloùn Wort
zəgàpjò Gespräch
zəgàpjò sprechen
zəgàpjò, phan flirten
zənì, màinmạ Ehefrau
zè Markt
zèpò billig
zèshi' feilschen
zètjì teuer
zìntjan, pəlä'phaùn Bahnsteig
zoundwằ Paar
zùn Löffel

Der Autor

Phone Myint Maung,
geboren 1958 in Thaton, Myanmar, studierte Jura und Germanistik in Yangon und Politologie in München.

Er arbeitete in den verschiedensten Berufen, unter anderem als LKW-Fahrer, Taxifahrer, Kellner und Schauspieler.

Seit den 80er Jahren ist er in Myanmar als Reiseleiter tätig und öfters auch mit deutschen Reisegruppen im myanmarischen Dschungel unterwegs. Er lebt abwechselnd in München und Myanmar.